EVANGELHO AOS SIMPLES

Yvonne A. Pereira

Evangelho aos simples

2º Livro

Obra mediúnica orientada pelos espíritos guias da médium, para o aprendizado evangélico-espírita da criança durante os serões no lar.

Copyright © 1973 *by*
FEDERAÇÃO ESPÍRITA BRASILEIRA – FEB

1ª edição – 1ª impressão – 10 mil exemplares – 8/2013

ISBN 978-85-7328-825-4

Todos os direitos reservados. Nenhuma parte desta publicação pode ser reproduzida, armazenada ou transmitida, total ou parcialmente, por quaisquer métodos ou processos, sem autorização do detentor do *copyright*.

FEDERAÇÃO ESPÍRITA BRASILEIRA – FEB
Av. L2 Norte – Q. 603 – Conjunto F (SGAN)
70830-030 – Brasília (DF) – Brasil
www.feblivraria.com.br
editorial@febnet.org.br
+55 61 2101 6198

Pedidos de livros à FEB – Departamento Editorial
Tel.: (21) 2187 8282 / Fax: (21) 2187 8298

Texto revisado conforme o Novo Acordo Ortográfico.

Dados Internacionais de Catalogação na Publicação (CIP)
(Federação Espírita Brasileira – Biblioteca de Obras Raras)

P436e Pereira, Yvonne do Amaral, 1900–1984

    Evangelho aos simples / Yvonne A. Pereira; obra mediúnica orientada pelos espíritos guias da médium, para o aprendizado evangélico-espírita da criança durante os serões no lar. – 1. ed. 1. imp. – Brasília: FEB, 2013.
    101 p.; 23 cm – (Coleção Yvonne A. Pereira)

   ISBN 978-85-7328-825-4

    1. Evangelização espírita infantojuvenil. 2. Espiritismo. I. Federação Espírita Brasileira. II. Título. III. Coleção.

               CDD 133.9
               CDU 133.7
               CDE 60.01.00

Sumário

Apresentação 9

Aos pais 13

1 A Granja Feliz 15
1.1 O encanto bucólico 15
1.2 Conversação 18

2 Na granja de vovô 23
2.1 Um convite 23
2.2 Os presentes usados na roça 24
2.3 A caminhada 25

3 O lar das sete meninas 27
3.1 A aniversariante 27
3.2 As sete meninas 29

4 A festa das crianças 31
4.1 As crianças se divertem 31
4.2 A mesa 32
4.3 A pergunta de Eneida 33
4.4 O regresso 34

5 Fazer o bem sem ostentação 37
5.1 Homenagem às crianças 37
5.2 A lição do evangelista Mateus 39

5.3 Dois exemplos　40

6 História escrita por Allan Kardec　43
6.1 Anjo dos pobres　43
6.2 Bem-aventurados os misericordiosos　44
6.3 Conselho materno　45
6.4 Uma surpresa　46

7 A prima Lilásea　49
7.1 Uma menina de boa vontade　49
7.2 A visita　51
7.3 O primeiro presente　51
7.4 O segundo presente　53
7.5 O presente celeste　53

8 A voz de Auta de Souza　55
8.1 Análise dos dois sonetos　57

9 O menino enfermo　61
9.1 Eneida preocupada　61
9.2 O bom coração de Eneida　62
9.3 Preparativos　64
9.4 Tarde fraterna　65

10 A serva de Jesus　69
10.1 Alegria!　69
10.2 Uma amiga nova　70
10.3 Miriam em ação　71
10.4 O dom de curar　72

11 A cura de Ricardinho　75
11.1 O interesse de Carlos e Eneida　75
11.2 Tratamento espiritual　76
11.3 Deus permitiu　77

12 O maior mandamento　79
12.1 Feliz acontecimento　79

12.2 Preparativos 81
12.3 "Jesus no lar" 81
12.4 O maior mandamento 83

13 Como uma criança poderá praticar o bem? 85
13.1 Convite ao bem 85
13.2 Os animais 87

14 Epílogo 91

Referências 93

Apresentação

É com júbilo e emoção que a FEB dá a público quatro livros inéditos de Yvonne A. Pereira, os quais, embora inspirados mediunicamente, foram, todavia, assinados pela grande médium por determinação de seus guias espirituais, à semelhança do que ocorreu com as obras *Devassando o invisível* e *Recordações da mediunidade*, igualmente de sua autoria, publicadas pela Federação Espírita Brasileira (FEB), respectivamente, em 1964 e 1968.

Esses manuscritos eram em número de dez, conforme registros existentes na FEB: *Contos amigos, Evangelho aos simples, A família espírita, A lei de Deus, O livro de Eneida, O livro imortal, Páginas do coração, Pontos doutrinários, As três revelações* e *A vida em família*.

A FEB os teve sob sua guarda durante algum tempo, com as respectivas cessões de direitos autorais, até que a própria médium pediu a devolução, pois a Casa de Ismael não poderia atender a seu pedido de publicação imediata.

Sobre o destino que se teria dado a esses manuscritos, após sua devolução à médium, não existia nenhum registro concreto, a não ser especulações.

Há cerca de um ano, familiares de Yvonne A. Pereira nos confiaram quatro desses manuscritos, que transferimos imediatamente à

FEB, a saber, *A família espírita, Evangelho aos simples, As três revelações e Contos amigos*, declarando eles também nada saberem a respeito dos seis restantes.

Sobre as obras em si, seu atualíssimo conteúdo, apesar de haverem sido escritas entre 1964 e 1971 — há mais de quarenta anos, portanto — nada diremos, preferindo respigar trechos dos textos que introduzem cada obra.

De "Advertência aos pais de família", texto com que Bezerra de Menezes apresenta a obra *A família espírita*, colhemos:

> Pediram-me que patrocinasse uma exposição da moral evangélico-espírita para uso dos pais de família nos primeiros passos da educação religiosa e filosófica dos filhos.
> [...]
> Estas páginas, porém, foram escritas de preferência para os adultos de poucas letras doutrinárias e não propriamente para crianças, visto que para ensinar a Doutrina Espírita aos filhos é necessário que os pais possuam noções doutrinárias, um guia, um conselheiro que lhes norteie o caminho.

Em *O evangelho aos simples*, a médium insere, em suas palavras introdutórias, sob o título "Aos Pais", as seguintes instruções de Bezerra de Menezes:

"Escreveu ele, orientando-me":

> Reúne cabedais da vida real, relativos à criança, para desenvolver os temas das lições. [...] Nada inventes, nada cries de ti mesma. Será necessário que te apoies unicamente em fatos legítimos e não em ficções. Jamais apresentes à criança o ensino evangélico-espírita baseado na inverdade. Narra apenas acontecimentos comuns da vida relacionados com a própria criança. As intuições levantarão de teu âmago sob o influxo dos instrutores espirituais, facilitando-te o trabalho.

Em sua "Introdução" à obra *As três revelações,* Bezerra de Menezes sentencia:

> Erro seria supor que a infância moderna se chocaria frente à verdade espírita e à transcendência evangélica. Habituada à brutalidade dos costumes atuais, presa a uma literatura forte e destrutiva, que lhe apresenta o pior tipo da conduta humana, seria descaridoso, seria mesmo criminoso desinteresse deixá-la entregue a tal aprendizado sem o reativo da magnificência da Verdade que do Alto há jorrado para socorro dos necessitados de progresso, de paz e de luz.

E, finalmente, em *Contos amigos,* lemos no "Prefácio" ditado pelo generoso coração de Yvonne A. Pereira:

> Estas páginas, em sendo a expressão da realidade vivida no dia a dia da existência humana, são também produções da nossa faculdade mediúnica, que obteve, através de intuições, o influxo poderoso da Espiritualidade, sua orientação e direção a fim de escrevê-las. Nicolau, Paulo Aníbal, Gervásio, Raimundinho, Antenorzinho, Tharley, Maurício, Joaninha, D. Teresa, todos os figurantes aqui apresentados são individualidades que realmente existiram neste mundo e laboraram, ou ainda laboram, nos arraiais espíritas como dedicados intérpretes da orientação do Alto.

O leitor atento saberá distinguir, no conteúdo das quatro obras, a temporaneidade de ambientes, cenários, práticas, costumes, linguagens, da intemporalidade do ensino moral, todo fundamentado nos ensinos e exemplos de Jesus e explicados, em espírito e verdade, pela revelação dos Espíritos.

Que os corações de boa-vontade se abram aos jorros de luz da obra concebida no venerando coração do Espírito Bezerra de Menezes e oferecida à sociedade através das faculdades mediúnicas de sua dileta pupila, Yvonne A. Pereira!

Affonso Borges Gallego Soares
Rio de Janeiro (RJ), maio de 2013.

AOS PAIS

Apresentando ao público mais um livro-auxílio à instrução evangélico-espírita da criança, nada mais faço, como sempre, do que obedecer às ordenações dos beneméritos mentores espirituais que me dirigem as atividades mediúnicas. Nem o presente livro, nem o que o antecedeu, nem tampouco algum mais que a este poderá suceder trazem a pretensão de se impor à instrução doutrinária da criança, senão o desejo sincero de auxiliar uma tarefa espinhosa, que está a requerer de cada adepto do Espiritismo atenções urgentes e dedicações ilimitadas.

Não era meu intento envolver-me com o ensino doutrinário à criança. Minha contribuição a esse setor da Doutrina do Mestre de há muito eu considerava terminada, após as longas atividades que desempenhei, no mesmo setor, em alguns centros de estudos e prática espírita em localidades do interior do Brasil. Mas nem sempre o servidor do Evangelho ou da Doutrina Espírita obedece à própria decisão. Muitas vezes, é ele compelido a executar este ou aquele serviço doutrinário, respeitando antes uma ordem da Espiritualidade ou um compromisso inadiável, assumido ao reencarnar. Será um resgate, pois, o que ele poderá passar, uma observância aos princípios da Lei divina, outrora menosprezados com ações deploráveis e cuja reparação o presente lhe vem cobrar inapelavelmente. Então, ele serve a si próprio, servindo a outrem.

Ao Espírito Dr. Adolfo Bezerra de Menezes devo as instruções para a confecção destas páginas.

Escreveu ele, orientando-me:

Reúne cabedais da vida real, relativos à criança, para desenvolver os temas das lições. [...] Nada inventes, nada cries de ti mesma. Será necessário que te apoies unicamente em fatos legítimos e não em ficções. Jamais apresentes à criança o ensino evangélico-espírita baseado na inverdade. Narra apenas acontecimentos comuns da vida relacionados com a própria criança. As intuições levantarão de teu âmago sob o influxo dos instrutores espirituais, facilitando-te o trabalho.

Léon Tolstoi, o amigo amoroso, não faltou com o auxílio prometido. Ser-me-ia honroso se esses dois Espíritos, e não eu, assumissem a autoria da obra. Mas, cumpre-me a conformidade e a obediência, porque jamais os escritores espirituais firmam uma obra vinda pelos canais singelos da intuição, não obstante acionar e dirigir o médium segundo a sua própria autoridade.

De qualquer forma, oferto ao principiante este livro para auxílio ao seu aprendizado evangélico-espírita. É, certamente, pouco o que ofereço. Mas é o que posso fazer. E meu maior desejo é de que ao menos uma única criança possa sorrir de satisfação ao virar cada uma de suas páginas.

YVONNE A. PEREIRA
Rio de Janeiro (RJ), 18 de janeiro de 1967.

1

A Granja Feliz

Considerai como crescem os lírios do campo: não trabalham, nem fiam; contudo, vos afirmo que nem Salomão, em toda a sua glória, jamais se vestiu como qualquer deles. (Mateus, 6: 25 a 34; Lucas, 12: 22 a 31)

1.1 O encanto bucólico

Como foram encantadoras as férias passadas na Granja Feliz em companhia de vovó e de vovô!

Pela manhã, as três crianças: Carlos, Eneida e Elisinha saíram com o avô para o passeio diário, antes que o sol aquecesse demasiadamente a Terra.

Eles corriam os campos das plantações, os prados de pastagem do gado...

Visitavam os estábulos, os aviários, os pombais...

Examinavam, cheios de curiosidade, os pintinhos irrequietos, observando os zelos da mamãe-galinha para com a sua prole, sempre cuidadosa de revirar a terra com os pés e o bico, escolher bichinhos e grãozinhos perdidos, para que os filhinhos enchessem os papinhos até estofá-los com elegância verdadeiramente galinácea.

Brincavam com as crias novinhas das cabras, tão mansinhas, que comiam milho das mãos de vovô e das deles próprios... Seguravam, nas mãozinhas nervosas, os bacorinhos eternamente manhosos, a grunhirem pedindo alimento, e assistiam aos vaqueiros ordenharem as vacas leiteiras no estábulo, para que eles próprios, os meninos, saboreassem o leite morno e espumante...

Muito paciente, vovô explicava aos netinhos mil coisas instrutivas sobre a vida do campo, que eles muito apreciavam. Fazia isso de propósito, para continuar, ao ar livre, as aulas de moral educativa que papai dava em casa, na cidade.

Por exemplo: vovô visitava o apiário com eles e explicava a vida das abelhas, que são muito trabalhadoras, fabricantes de mel como se fossem pessoas humanas, inteligentes e conscientes dos próprios deveres.

A vida das abelhas representa uma verdadeira república, muito bem organizada, onde todos trabalham, e que é dirigida por uma "rainha", a quem as demais obedecem.

Vovô explicava, também, o instinto laborioso da formiga; os modos corteses que umas têm para com as outras e a disciplina que observam no cumprimento dos próprios deveres, coisa que muitos seres humanos deixam de praticar; e a organização admirável do formigueiro, outra república organizada com a inteligência e dirigida por uma chefa, ou "rainha". Tanto a formiga como a abelha fazem parte do gênero de insetos "himenópteros",[1] isto é, que têm quatro asas membranosas, da família dos "formicídeos",[2] que agrupa as formigas. Possuem grande importân-

---

[1] N.E.: ordem de insetos holometábolos, que reúne as conhecidas formigas, vespas e abelhas. Dicionário Houaiss

[2] N.E.: Família de insetos himenópteros, cosmopolita, que reúne as conhecidas formigas; são tipicamente sociais e etológicas e morfologicamente divididas em castas. Dicionário Houaiss

cia econômica, quer como produtoras e polinizadoras (abelhas), quer como controladoras de pragas na agricultura.[3]

Explicava a vida dos pombos, ave da família dos "columbinos", sempre amorosos e fiéis, zelosos do bem-estar da própria família; e o cuidado do joão-de-barro, gentil pássaro, que constrói a sua casinha de barro no galho das árvores, para abrigar a companheira e os filhotes. As casas do joão-de-barro têm os fundos voltados para o sul, a fim de evitar o incômodo das chuvas e dos ventos fortes, que vêm desse lado.

Quanta coisa magnífica vovô explicava sobre a natureza!

A vida do campo, tão bela e tão doce, construiu um refrigerante bálsamo para as almas sensíveis, que gostam de completar Deus na obra da natureza e com Ele confabular enquanto observam a pujança das plantações, a atividade dos animais, que ajudam o próprio homem no labor diário, a harmonia que se desprende de tudo, como bênção protetora do Céu.

Por toda parte, exuberância, encanto e beleza na extensão da vida campestre: aqui, uma planta mais tenra, que vovô acaricia, chegando um pouco mais de terra às raízes, com suas mãos protetoras; acolá, uma árvore frondosa, soberba, com a sua galharia carregada de frutos; mais além, o bosque, onde bandos de pássaros e outras aves se abrigam, alegremente, entoando hinos à natureza, e frágeis animaizinhos despertam para a vida.

Em torno, os cereais já maduros, prontos para a colheita, ou ainda verdes, avolumando-se aos raios do sol e sob a suavidade do sereno da noite. E, longe, o mugir dos bois, o relinchar dos cavalos, o ladrar dos cães, o cacarejar dos galináceos, o balir das cabras e das ovelhas, o arrulhar dos pombos, a voz dos campeiros, ou pastores, que sabem falar aos animais e são por eles compreendidos, como se fossem missionários de Deus que os auxiliassem a progredir na ascensão para a luz do raciocínio.

---

[3] Ver Dicionário Aurélio.

Os quadros bucólicos, plenos de beleza e harmonia pastoril, ficarão gravados, para sempre, no coração das três crianças. Elas lembrar-se-ão sempre deles, no futuro, e de vovô e de vovó também, com saudades, quando forem adultas.

1.2 Conversação

As crianças gostavam de conversar com o avozinho, durante os passeios, em digressões pelo campo:

— Os animais são de Deus, vovô? — perguntou, certa vez, Eneida, muito docemente, enquanto acariciava um cabritinho branco.

— Sim, minha filha! — respondeu o Dr. Arnaldo à netinha — Também são Criação de Deus, tal como nós. Por isso mesmo, precisamos amá-los e conceder-lhes bom trato, jamais os maltratando propositalmente.

— E é verdade que são nossos irmãos menores, vovô? — interveio Carlos, com suas inteligentes perguntas.

E vovô respondeu, prosseguindo sua bela conversação, à sombra das árvores, sentado sobre a relva:

— Sim, Carlos, não resta dúvida de que os animais são nossos irmãos menores, inferiores, uma vez que igualmente são Criação divina, e Deus é o Criador de todas as coisas. A Obra de Deus é sempre irmanada por um mesmo princípio e uma finalidade. O princípio é o Amor de Deus criando a sua própria Obra; a finalidade é a perfeição da Obra para a unificação com o próprio Deus. Nossa origem é Deus e nossa finalidade é a unificação com Ele. Por isso, somos irmanados com toda obra da Criação divina.

Um grande vulto do Cristianismo, Francisco de Assis, que viveu no século 13, dizia que se sentia irmão dos animais, dos minerais, dos vegetais e até das águas e do Sol. Ele era filósofo e sábio. Tudo isso é grandioso, Carlos, e tal estudo auxilia-nos a ser bons e a caminhar para Deus. Mas, vocês só compreenderão plenamente essa sublime questão quando forem adultos. Por enquanto, basta saber que os animais são nossos irmãos menores e que devemos tratá-los bem.

Mas Carlos, pensativo, tornou a dizer:

— Vovô! Não compreendendo por que sacrificamos os animais para nos alimentarmos com a carne deles.

— Meu filho! — respondeu vovô — Esse fato é constrangedor, não resta dúvida, mas isso acontece em vista das condições ainda muito materializadas e, portanto, inferiores do planeta em que vivemos. Porém, dia virá em que os homens, libertados da dominação da matéria, adquirirão outras condições fisiológicas para não mais necessitarem do alimento animal. E, então, tais costumes serão abolidos da face da sociedade humana, por uma determinação divina mesmo. Aliás, existem muitos homens que já são vegetarianos, isto é, alimentam-se apenas de vegetais, dispensado o uso da carne. Mas, isso, por enquanto, é observado pela vontade própria de cada um, não existe ainda determinação divina para o caso... Quando vocês forem adultos, melhor compreenderão também esses delicados fatos e raciocinarão voluntariamente sobre eles.

— Que determinação divina é essa, vovô? Como hei de compreendê-la? — voltou o menino a indagar.

— Quando a nossa organização física não mais necessitar do alimento animal, outros produtos hão de aparecer, substituindo a carne. Eis, pois, a determinação da própria natureza, e, portanto, divina... Isso, porém, é apenas uma hipótese. Lembre-se, meu filho, de que, no princípio do nosso mundo, existiam animais monstruosos, os quais desapareceram, dando lugar aos que hoje aí estão. É possível, portanto, que também os de hoje venham a desaparecer pela própria ação da natureza.

Às vezes, avô e netos sentavam-se no alto dos promontórios, contemplavam a majestade do oceano e se sentiam deslumbrados e temerosos. Certa vez, Carlos disse cheio de respeito, como se orasse:

— Mas é mesmo! Contemplando a obra da natureza, contemplamos a Criação de Deus! Para que possam existir esses animais; essas plantas; essas flores com seus variados perfumes; essas matas cheias de vida e de encanto; os pássaros, que nos deliciam com os seus gorjeios; as montanhas belas e veneráveis; o Sol brilhante que ilumina o espaço e nos enche a vida; oceanos magníficos... Sim! Seria preciso que, realmente, existisse um Ser Supremo, Criador e Diretor de todas as coisas!

— E, também, nós mesmos... E os astros, que se equilibram no espaço infinito, como diz mamãe. — aparteou Eneida, humildemente, à meia voz.

— Papai tem razão quando afirma, em nossas reuniões de Evangelho, que nada disso poderia haver se Deus não existisse para tudo criar e dirigir com a força da sua Vontade soberana! — interveio Carlos.

— É verdade, meu filho! — respondeu vovô, comovido com o raciocínio do menino. É verdade! O universo é a glória de Criação de Deus! Deus se glorifica nele, como ele se glorifica em Deus!

Como eram encantadoras as lições que vovô dava, ao ar livre, aos três netinhos, durante as belas excursões matinais!

Como foram encantadoras aquelas férias! Que linda e pitoresca aquela mansão à beira mar, aquela Granja Feliz, que parecia irradiar alegria e paz em seu derredor.

Carlos, Eneida e Elisinha passaram ali as férias todas, mas nem um só dia vovô deixou de dar aos queridos netinhos as belas lições sobre Deus, a natureza e a beleza da Criação, durante as aprazíveis excursões através dos campos.

* * *

Considerai como crescem os lírios do campo; não trabalham nem fiam; Eu, contudo, vos afirmo que nem Salomão, em toda a sua glória, jamais se vestiu como qualquer deles.

(MATEUS, 6: 28 e 29.)

2

NA GRANJA DE VOVÔ

Bem-aventurados os humildes de espírito, porque deles é o reino dos Céus. (MATEUS, 5: 3.)

2.1 UM CONVITE

Alguns dias depois da chegada das crianças à Granja, um amigo de vovô convidou a família Vasconcelos para a festa de aniversário da sua filha Maria Marta.

O amigo de Dr. Arnaldo chamava-se Rodrigo e era de nacionalidade portuguesa.

No dia aprazado, às cinco horas da tarde, seguiram todos para a festa.

Dona Júlia, a avó das crianças, e a tia, a jovem Isabela, foram de carro. Mas as crianças preferiram ir a pé com o vovô e o senhor Barbosa, administrador da fazendola de vovô, isto é, da Granja.

Manoelzinho, filho da cozinheira da Granja, também foi à festa. Ele era bom menino, muito inteligente, tinha dez anos de idade e estimava muito Carlos, Eneida e Elisinha.

A cozinheira chamava-se Cristiana da Silva, e o marido dela, Pacífico da Silva, empregado da Granja.

Manoelzinho tinha três irmãos menores: Chiquinho, Anita, Ceci.

Quanto ao senhor Frederico e dona Elizabeth, depois de passarem um dia na fazenda, continuaram a viajar em visita a outros parentes, e depois regressaram a casa, no Rio de Janeiro. Adolfinho e Antonieta regressaram com eles.

2.2 Os presentes usados na roça

Cada criança queria levar um presente para oferecer à aniversariante.

Na véspera, Dr. Arnaldo dissera aos netos:

— Na cidade há muitas coisas para se comprar e oferecer aos amigos, mas na roça não há. Aqui usamos oferecer presentes úteis a quem os recebe.

— Então, o que o senhor propõe, vovô? — perguntou Carlos.

Vovô respondeu:

— Eu arranjei os presentes: Você, Carlos, que é um rapaz, oferecerá um potrinho à Maria Marta.

— Que é potrinho, vovô? — indagou Elisinha.

— É um cavalinho novo, que ainda não está bem ensinado. Mas esse, que Carlos levará, é mansinho, foi criado em casa, Manoelzinho já monta nele em pelo.

— E eu, vovô, que levarei? — adveio Eneida.

— Você levará a cabritinha branca, aquela que tem dois brinquinhos de cada lado da cabeça. Ela dará muito leite para Maria Marta e as irmãs...

— E eu, vovô, e eu? — quis saber também Elisinha, que gostava muito de presentear os aniversariantes.

— Você, como menor, levará uma linda galinha "barbuda" com doze pintinhos. Uma dúzia de pintinhos! Eles crescerão e então Maria Marta possuirá doze frangos e frangas!

As crianças acharam muita graça na espécie de presentes de uso no campo, mas aceitaram a proposta do avô com alegria.

Manoelzinho levava um lindo ramo de rosas brancas e avencas.

2.3 A CAMINHADA

Carlos levava o potrinho, puxando-o por um cabresto. Eneida conduzia a cabritinha branca por uma corda, que Manoelzinho lhe amarrara ao pescoço. A galinha e os pintinhos iam dentro de um carrinho feito de um caixote com quatro rodas, e o menino ajudava Elisinha a puxá-lo enquanto carregava-lhe as rosas.

Os pintinhos, que já estavam crescidos, empoleiravam-se nas paredes do caixote e seguiram, assim, equilibrados com dificuldade. Parecia que iam cair a todo o momento. Vacilavam, batiam as asas, piavam, pedindo socorro, choravam, assustando mamãe-galinha e dando muito trabalho à Elisinha e Manoelzinho para contê-los dentro do carro.

O potrinho relinchava de vez em quando, suspendendo a cabeça e arregalando os olhos. Carlos, então, dizia que o bicho perguntava:

— Que é isso, meninos? Para onde vocês me levam?

Quanto à cabritinha branca, parecia ser muito gulosa. Arrastava a corda com tanta força, que arrastava também Eneida, que a segurava. Tudo isso para poder comer os matinhos e folhas de árvores que ia encontrando à beira da estrada. E Carlos, que observava, dizia à irmã, gracejando:

— A cabritinha está pensando assim: deixa-me aproveitar estes petiscos por aqui.

Finalmente, até mesmo mamãe-galinha empoleirou-se nas paredes do caixote, cacarejando, como se dissesse:

— Eu também quero ver o que estes "meninos" estão fazendo aí por fora.

Os "meninos" de mamãe-galinha eram os pintinhos.

Todos riam e se divertiam com os animais. Na vida campestre essas coisas divertem muito. As pessoas observam a vida dos animais e se familiarizam com eles; e estes compartilham da vida das pessoas, habituando-se a elas.

A vida em contato com a natureza é simples e bela. Vivendo no campo, parece que nós vivemos mais perto de Deus.

3

O LAR DAS SETE MENINAS

Em verdade vos digo: Quem não receber o reino de Deus como uma criança, de maneira nenhuma entrará nele.
(MARCOS, 10: 13 a 16.)

3.1 A ANIVERSARIANTE

A residência do senhor Rodrigo era uma chácara e chamava-se *lar das sete meninas.*

Maria Marta esperava os convidados no portão.

Ela era bonita e bem educada. Possuía cabelos pretos, com longos cachos caídos pelas costas, e trajava um vestido branco enfeitado com rendas.

Avistando os visitantes, dirigiu-se a eles a fim de recebê-los.

Todos a cumprimentaram e abraçaram, felicitando-a pelas nove primaveras, e ofereceram-lhe os presentes.

Então Maria disse aos quatro convidados:

— Muito obrigada! Vocês foram muito gentis comigo. Gostei muito dos presentes! Há muito tempo eu desejava possuir um cavalo para montar e cavalgar pelo campo. É tão agradável esse exercício!

— Você possui muitas galinhas? — perguntou Elisinha, que gostava muito de conversar. Maria Marta respondeu:

— Muitas, não, algumas! Comecei a criar agora. O seu presente veio enriquecer a minha coleção.

Ela então convidou os visitantes a acompanhá-la ao cercado de telas de arame onde as galinhas dormiam, e foi apontando a coleção, para eles admirarem:

— Estão vendo aquela ali? Olhem! Aquela é a Caçulinha, porque tem penas até as pontas dos dedos, como se usasse calças compridas. Estão vendo a outra? É a Topetuda, porque traz um tapete de penas no alto da cabeça, que até parece uma coroa de rainha. Aquela de lá é a Pescoço Pelado, parecendo usar vestido decotado para baile. A outra é a Arrepiada, como se trajasse vestido cheio de babadinhos. E esta é a Princesinha, porque reúne consigo tudo o que as outras possuem: é pintada, arrepiada, calçuda, topetuda e com pescoço pelado. Agora você me presenteia com uma Barbuda. Oh! como é linda, com essas penas vermelhas caídas pelo dorso, como se fosse um manto real! Como eu adoro os animais! Admiro-os e protejo-os quanto posso! Muito obrigada pelo seu presente.

As galinhas foram, portanto, muito admiradas.

Os visitantes observaram, em seguida, o cuidado de Maria Marta, obrigando a Barbuda e seus pintinhos a entrarem no viveiro, onde deveriam dormir.

Afastaram-se depois e entraram em casa. Então apareceu o senhor Rodrigo, o amigo de vovô. O potrinho foi para o pasto. A cabritinha foi para o estábulo.

3.2 As sete meninas

Com o senhor Rodrigo, apareceram também mais seis meninas, irmãs de Maria Marta. Todas elas trajavam vestidos brancos enfeitados com rendas iguais as do vestido de Maria Marta e estavam penteadas do mesmo modo.

A mais nova contava dois anos de idade e era muito engraçadinha.

Elas pareciam sete anjinhos risonhos enfeitando a casa de papai Rodrigo. Pareciam um ramo de sete botões de rosas brancas perfumando a chácara toda. Carlos, Eneida e Elisinha ficaram olhando para elas, muito admirados.

O senhor Rodrigo então as apresentou:

— Queridos amiguinhos! — disse ele às visitas — Eu tenho sete filhas e apenas um filho varão, o qual conta catorze anos de idade.

— Então o senhor possui oito filhos? — perguntou Carlos, que nunca vira uma família tão grande.

— Sim! Possuo sete filhas e um filho. Eles são a minha riqueza, a minha felicidade, a glória da minha vida!

— E como se chamam os seus filhos? — perguntou Eneida, que estava achando muito bonita a família do senhor Rodrigo.

— O rapaz chama-se Luís Antônio, e ajuda-me a zelar pelas irmãs.

— Eles não têm mãe? — indagou Elisinha, que tinha pena de crianças sem mãe.

— Eles têm mãe, sim! Minha mulher chama-se Lucília, é a mãe deles. As meninas todas chamam-se Maria...

— Elas todas se chamam Maria? Como assim? — perguntou os visitantes a um só tempo.

— Sim! A mais velha chama-se Maria Amélia. Seguem, depois, Maria Inês, Maria Angélica, Maria Marta, Sônia Maria, Olga Maria e Lígia Maria. Mas Sônia Maria e Olga Maria são gêmeas.

— Que beleza! — disseram Eneida e Elisinha risonhas — Que família bonita! Que Deus abençoe sua família!

Aquilo tudo era um mundo novo para ambas, e abraçaram e beijaram todas as meninas, com muita satisfação.

Mas, chegou mamãe Lucília. Era uma senhora risonha e muito simpática.

Depois dos cumprimentos, ela os convidou:

— Agora entrem. Vamos iniciar a nossa festinha.

No capítulo seguinte vocês assistirão à festinha de Maria Marta.

4

A FESTA DAS CRIANÇAS

Quando orares entra no teu quarto, e, fechada a porta, orarás a teu Pai, que está em secreto; e teu Pai, que vê em secreto, te recompensará. (MATEUS, 6: 6.)

4.1 AS CRIANÇAS SE DIVERTEM

Enquanto dona Lucília preparava a mesa, auxiliada pelas amigas, as crianças brincavam. Elas se reuniram num belo pátio atijolado, enfeitado de flores trepadeiras, ao lado da casa.

Encontravam-se presentes trinta crianças.

Luís Antônio e Carlos, que eram os mais velhos do grupo, tomavam conta dos outros durante a brincadeira. Mas, às vezes, eles brincavam também.

Brincadeira de roda, de marré-marré-marré; de ciranda e de danças próprias da infância; brincaram de teatrinho, conforme faziam na escola;

brincaram de escolinha e jogaram amarelinhas. Recitaram poesias de grandes poetas brasileiros, tais como Olavo Bilac, Alberto de Oliveira e Olegário Mariano, todos esses considerados príncipes dos poetas brasileiros, cada um no seu tempo, e também recitaram poesias ditadas pelos Espíritos Auta de Souza, João de Deus e Cruz e Sousa ao médium psicógrafo Francisco Cândido Xavier, o Chico Xavier.

Improvisaram um concurso para ver quem fazia discurso mais bonito em honra à Maria Marta. Quem venceu foi Manoelzinho. Ele homenageou a aniversariante com muita eloquência e depois recitou para ela uma poesia que aprendera na escola.

Fizeram uma grinalda com as rosas e as avencas que Manoelzinho levava e coroaram Maria Marta, declarando-a rainha da festa. As filhas mais velhas do senhor Rodrigo cantaram canções portuguesas muito bonitas e dançaram algumas danças das aldeias de Portugal, tais como o *Vira*, o *Fado liró,* etc., que o pai delas muito apreciava.

A festinha de Maria Marta foi um encanto, festa própria de crianças de boa educação social e artística.

4.2 A mesa

Dona Lucília chamou as crianças para a mesa.

Os adultos seriam servidos depois.

Foi um repasto magnífico!

Havia salgadinhos, doces, bombons, balas, sorvetes de várias qualidades. No centro da mesa, via-se o bolo da aniversariante. O enfeite dele era uma boneca muito bem vestida, sentada numa cadeira de balanço.

Mas a boneca e a cadeira não eram de doce. E a mesinha toda era enfeitada de rosinhas.

Havia até chá e chocolate para quem não quisesse os sorvetes e os refrescos, mas também se podia tomar de tudo, não havia proibições.

O que não havia eram bebidas alcoólicas, porque a família era espírita e as famílias espíritas não usam bebidas alcoólicas em suas festas.

Todas as crianças conversaram e riram enquanto saboreavam as guloseimas. Ninguém se portou mal, nenhuma estragou doce nem salgadinhos, nem derramou chá, ou chocolate, nem refrescos no chão ou na toalha bordada de dona Lucília, porque elas todas eram muito atenciosas e bem educadas.

Maria Marta sentou-se à cabeceira da mesa, lugar de honra, e no momento oportuno as demais crianças cantaram em homenagem a ela. Então, ela apagou as nove velinhas com um sopro só, e todos bateram palmas.

Quando se levantaram da mesa, Maria Marta ofereceu lembrancinhas aos seus convidados: uma bola para um, um copinho para outro, um enfeite para este, uma ventarola para aquele, um livrinho de história, um lencinho, um pente e muitas balas enfeitadas, e todos ficaram radiantes de alegria.

4.3 A PERGUNTA DE ENEIDA

Dr. Arnaldo conversava com outros convidados, num recanto do salão. Em dado momento, Eneida chegou-se a ele e murmurou aos seus ouvidos esta pergunta:

— Vovô, os donos da casa não fizeram preces. O senhor não acha que, como espíritas que são, eles deveriam orar antes de irem para a mesa?

Mas vovô respondeu bem-humorado:

— Não, minha filha, não acho! Não há necessidade de oração aqui, na festa! Assistimos a uma reunião social e não a um ato religioso! Não devemos ser exagerados nem beatos. Devemos é comportar-nos corretamente em qualquer parte aonde formos. Devemos honrar a moral da nossa Doutrina com o nosso procedimento digno e honesto em qualquer local onde estivermos, sem necessidade de orarmos, ostensivamente, a todo momento.

A excelência da Doutrina Espírita deve ser demonstrada por nós próprios, os espíritas, por meio do nosso bom procedimento diário, em qualquer parte onde estivermos.

Não há necessidade, portanto, de orarmos agora, pois, repito, estamos festejando um aniversário natalício e não tratando de um ato religioso.

Eneida ouviu atentamente o avô. Depois, beijou-o rapidamente e retirou-se, exclamando:

— É... O senhor tem razão...

4.4 O REGRESSO

Eram 21 horas. As crianças estavam cansadas e desejavam voltar para casa.

Carlos, Eneida, Elisinha e Manoelzinho também estavam cansados. Despediram-se dos amigos e foram embora.

Ao chegarem à Granja Feliz, tomaram um banho morno e foram para cama.

— Gostei muito do Luís Antônio, vovó, ficamos amigos.

— E achei as sete Marias muito bonitinhas! — exclamou Carlos, virando para o canto, já debaixo dos lençóis.

Eneida, que dormia no quarto de tia Isabela, disse também, já cochilando:

— Gostei muito das sete Marias, elas me convidaram para passar uns dias com elas, a fim de brincarmos bastante.

E Elisinha, que também dormia no mesmo quarto:

— Tia, a senhora sabe quando é o aniversario das outras Marias? Eu quero ir às outras festas também, gostei tanto dessa de hoje.

Quanto a Manoelzinho, disse consigo mesmo:

— É... Preciso estudar bastante para fazer mais discursos nas festas para que eu for convidado. O de hoje estava bom, assim disseram, mas podia ter sido melhor.

E a casa silenciou. Todos dormiam na Granja Feliz.

5

Fazer o bem sem ostentação

Quando, pois, deres esmola, não toques trombeta diante de ti, como fazem os hipócritas, nas sinagogas e nas ruas, para serem glorificados pelos homens. Em verdade vos digo que eles já receberam a recompensa. Tu, porém, ao dares a esmola, ignora a tua mão esquerda o que faz a tua direita; para que a tua esmola fique em secreto; e teu Pai, que vê em secreto, te recompensará.
(Mateus, 6:2 a 4.)

5.1 Homenagem às crianças

Alguns dias depois do aniversário de Maria Marta, era dia do culto do Evangelho no lar na Granja Feliz, residência de vovô e sua família.

Dr. Arnaldo Vasconcelos, pois, reuniu a família e os amigos na sala de jantar para o estudo dos fatos evangélicos.

Eram três horas da tarde, quinta-feira.

A sala estava repleta.

O senhor Barbosa e sua família foram assistir ao culto.

O senhor Rodrigo, dona Lucília, Luís Antônio e as quatro Marias mais velhas também estavam presentes, bem como Manoelzinho, a mãe e os irmãos dele.

As crianças todas se sentaram fora da mesa, mas se conservaram muito quietinhas, prestando atenção ao belo estudo do Evangelho.

O ponto que ia ser estudado naquele dia era o capítulo 13 de *O evangelho segundo o espiritismo*, de Allan Kardec. Esse capítulo tem o seguinte título:

"Não saiba a vossa mão esquerda o que dê a vossa mão direita"

Ao iniciar a reunião, o chefe da casa disse:

— Dedicarei o presente estudo às crianças aqui presentes. Elas também precisam aprender o que quer dizer esta sentença de Jesus: "Não saiba a vossa mão esquerda o que dê a vossa mão direita".

Em seguida, perguntou às crianças:

— Vocês têm dificuldades em compreender essa passagem evangélica?

Os menores responderam a um só tempo:

— Sim, Senhor! Temos dificuldades, sim, não sabemos o que isso quer dizer!

As maiores sabiam alguma coisa sobre o assunto, por isso ficaram caladas.

Então, vovô falou novamente:

— Está bem, eu explicarei e vocês compreenderão.

5.2 A LIÇÃO DO EVANGELISTA MATEUS

— Queridos meninos — começou vovô —, a sentença "Não saiba a vossa mão esquerda o que dê a vossa mão direita" foi pronunciada por Jesus Cristo, nosso amado Mestre.

No capítulo 6 do evangelho escrito por Mateus, versículos 1 a 4, pode-se verificar como foi que Jesus pronunciou essa frase, a qual encerra grande ensinamento.

Allan Kardec, o codificador do Espiritismo, estudou e comentou esse ensinamento, colocando-o no seu precioso livro, intitulado *O evangelho segundo o espiritismo*.

— Que quer dizer *O evangelho segundo o espiritismo*, Dr. Arnaldo? — perguntou Maria Angélica, irmã de Maria Marta.

— Quer dizer o Evangelho de Jesus Cristo explicado de acordo com o modo de ver da Doutrina Espírita, ou seja, do Espiritismo. A menina ficou satisfeita; o expositor continuou:

— Foi durante o belo discurso denominado Sermão da montanha que Jesus criou aquela frase. Ele disse o seguinte, e Mateus, seu apóstolo, no capítulo 6, versículos 2 a 4, escreveu:

> Quando, pois, deres esmola, não faças tocar trombeta diante de ti, como fazem os hipócritas, nas sinagogas e nas ruas, para serem glorificados pelos homens. Em verdade vos digo que eles já receberam o seu galardão. Tu, porém, ao dares a esmola, ignore a tua mão esquerda a que faz a tua direita; para que a tua esmola fique em secreto; e teu Pai, que vê em secreto, te recompensará publicamente. – Jesus (MATEUS, 6:2 a 4.)

5.3 Dois exemplos

Houve um momento de silêncio.

As crianças prestavam atenção ao que vovô dizia.

De repente, ele perguntou a Luís Antônio, que era o mais velho do grupo e já entendia alguma coisa sobre o Evangelho:

— Luís Antônio, diga como você entende essa instrução de Jesus.

Luís Antônio levantou-se e respondeu:

— Entendo que esse ensinamento de Jesus nos previne contra o perigo de praticarmos o bem apenas levados pela vaidade de querermos passar por bons e santos diante dos outros. Por exemplo: se beneficiarmos financeiramente, ou de outra qualquer forma, um hospital, um abrigo para a velhice desamparada, um orfanato ou uma pessoa pobre, não devemos nos gabar por isso nem anunciar o que fizemos pelos jornais ou pelos rádios. Seria o mesmo que tocar trombetas, como acontecia nos tempos de Jesus, entre os hipócritas, os quais assim anunciavam as esmolas que davam aos pobres.

Somente as pessoas vaidosas, que gostam de ser aplaudidas pelo povo, fazem questão de praticar o bem e anunciar o que fazem pelos quatros ventos, para que todos fiquem sabendo o que elas fizeram. Nosso dever é ajudar o próximo discretamente, a fim de não humilhá-lo ou não parecermos vaidosos.

— Muito bem, Luís Antônio, você compreendeu perfeitamente as instruções de Jesus. E você, Carlos, poderá dar algum exemplo também?

Carlos, que também possuía alguns esclarecimentos sobre assuntos evangélicos, levantou-se e respondeu:

— Sim, vovô, terei prazer em apresentar um exemplo. Se temos um amigo passando dificuldades, e se ele nos procura e pede auxílio financeiro ou outra qualquer espécie de socorro, e nós atendemos o seu pedido, e o ajudamos, devemos guardar segredo do que fizemos, não propalando o fato. Se começamos a contar o fato a uns e a outros, seremos infiéis e vaidosos, o amigo se sentirá humilhado pelo nosso procedimento.

— E você, Manoelzinho?...

— Bem... — respondeu o inteligente menino — Outro dia, eu li uma mensagem escrita por um mentor espiritual, a qual dizia que qualquer benefício feito ao nosso próximo com alarde é fruto da vaidade e não do amor, e, por isso, se desmerece muito no conceito da Lei de Deus.

Mas Eneida pediu licença e interrogou:

— Como deveremos fazer então, vovô? É muito difícil praticar o bem discretamente!

E vovô respondeu:

— Não! Não é difícil! Depende apenas de um pouco de modéstia e do grau de ternura existente em nossos corações. Para que vocês aprendam melhor o que tudo isso quer dizer, contarei uma história escrita por Allan Kardec. A dita história foi escrita sobre o mesmo tema da nossa lição: "fazer o bem sem ostentação".

"Não saiba a vossa mão esquerda o que dê a vossa mão direita". Ela se encontra no capítulo 13 de *O evangelho segundo o espiritismo*.

No próximo capítulo, os leitores encontrarão a adaptação da história escrita por Allan Kardec e contada pelo Dr. Arnaldo Vasconcelos às crianças presentes no culto do Evangelho no lar, por ele realizado.

6

História escrita por Allan Kardec (adaptação)

Amemo-nos uns aos outros e façamos aos outros o que quereríamos nos fizessem eles. Toda a religião, toda a moral se acham encerradas nestes dois preceitos. (KARDEC, Allan. O evangelho segundo o espiritismo, cap. 13, it. 9.)

6.1 Anjo dos pobres

Em certa grande cidade da Europa, existia uma senhora muito rica e muito bondosa, a qual se chamava Maria.

Sendo muito bondosa, era, portanto, muito amiga de fazer bem ao próximo. Quando era informada de que uma criança pobre estava doente, um chefe de família estava sem trabalho, uma pobre viúva lutava com dificuldades para manter os filhos e a casa, ou um velhinho estava desamparado, sem lar e sem recursos, a boa senhora procurava socorrê-los imediatamente para que o sofrimento deles fosse aliviado.

Todos que necessitassem, ela ajudava tanto quanto fosse possível, mas guardava segredo dos benefícios que fazia. Nada dizia, nem aos amigos nem mesmo aos parentes. Somente o marido dela e a filha sabiam de tudo.

Um dia, dona Maria soube, casualmente, que uma família numerosa e muito pobre estava lutando com as maiores dificuldades, até para obter os alimentos mais necessários.

O chefe dessa família era operário muito honesto e trabalhador. Mas adoecera gravemente, com uma pneumonia, e fora para o hospital. Não podia, portanto, trabalhar e por isso a família passava muitas necessidades.

Então, dona Maria, muito penalizada, orou por eles e disse consigo mesma:

— Não devo orar somente. Devo agir também, praticando ação concreta a benefício do meu próximo. Jesus mandou-nos socorrer os sofredores e pequeninos. Quem sabe se Ele, nosso amado Mestre, me aceitará como instrumento da sua caridade para com esses irmãos, filhos de Deus, como eu?

6.2 Bem-aventurados os misericordiosos

Assim meditando, dona Maria vestiu-se modestamente e conversou ligeiramente com o marido e a filha sobre o que pretendia fazer. Depois, tomou um táxi e dirigiu-se a um armazém. Em seguida, fez um bom sortimento de gêneros alimentícios e mandou depositar tudo no automóvel. Depois, entrou numa loja de fazendas, comprou flanelas, cobertores, roupas de agasalho para crianças, meias e sapatinhos, e tudo levou para o carro. Finalmente, ela própria tomou o táxi, que estava abarrotado com as compras, e mandou o condutor seguir para o endereço da família pobre.

Chegando lá, fez descarregar tudo, sortiu a casa, deu os cobertores e as roupas, os sapatos e as meias, e disse à mãe das crianças:

— Minha amiga, minha irmã! Eu velarei por sua pessoa e por seus filhos, enquanto seu marido estiver doente e a senhora necessitar. Semanalmente, aqui estarei trazendo o que precisa, fique descansada! Se a senhora precisar de mais alguma coisa, diga-me, porque terei prazer em servi-la.

Ao sair dali, ela dirigiu-se ao hospital para visitar e reconfortar o chefe da família, e disse a ele:

— O senhor pode ficar tranquilo, meu irmão, e trate com cuidado da sua saúde. Sua família nada sofrerá, porque eu velarei por ela na sua ausência. E quando o senhor se restabelecer, tomará conta da sua casa novamente.

Mas dona Maria não revela nem seu nome todo aos seus protegidos nem o endereço da própria residência. Para todos dizia apenas chamar-se Maria. O endereço que ela dava era o do escritório do marido, onde ninguém sabia do que se passava.

Quando ela visitava os seus protegidos, levava consigo a filha, que já era mocinha, para que a menina aprendesse também a praticar a beneficência.

6.3 Conselho materno

Quando estava em casa, a boa senhora punha-se a costurar em sua máquina.

Ela era rica, não precisava trabalhar tanto assim. Mas costurava para os pobres, porque na Europa o inverno é muito rigoroso, e ela não queria que os seus protegidos sofressem frio.

Às vezes, dizia à filha:

— Minha filha, pegue esta roupinha e costure-a! Você também precisa ajudar os que sofrem! Como você não dispõe de dinheiro para comprar alguma coisa e dar, porque o dinheiro é meu e de seu pai, ajude-me a costurar umas peças de vestuário para as criancinhas pobres. Fazendo isso, você dará ao próximo o fruto abençoado do seu trabalho e Jesus ficará satisfeito com você, porque foi Ele mesmo que disse, quando viveu na Terra: "Em verdade vos afirmo que, sempre que o fizestes a um destes meus pequeninos irmãos, a mim o fizestes." (Mateus, 25: 31 a 46).

6.4 Uma surpresa

Certo dia, houve uma festa de aniversário no palacete de dona Maria.

Havia lá muitas visitas, muita alegria, música e dança.

Era à tarde. De repente, a campainha da porta da rua tocou.

A boa senhora estava perto da porta e, como era muito simples, não chamou a criada, ela mesma foi ver quem chegava.

Era um rapazinho, filho daquela família pobre que ela ajudava. Ela arranjara emprego para ele numa loja de perfumes e agora o rapazinho fora entregar a encomenda de uma freguesa, que presenteava o aniversariante da casa com um lindo frasco de perfume.

O rapazinho ficou surpreendido por ver a sua protetora ali. Ele não sabia nem mesmo o nome todo dela. Apenas conhecia-a por "dona Maria". Tampouco ele sabia que aquela casa era a residência dela.

O rapazinho quis beijar a mão da grande amiga de sua família e agradecer os benefícios que ele e os seus haviam recebido, pois o pai já estava bom de saúde e tudo se normalizara em sua casa, graças ao auxílio daquela boa senhora.

Mas dona Maria não permitiu que ele agradecesse nem que lhe beijasse a mão. Simples e modesta, não alardeava o bem que fazia ao próximo necessitado nem exigia gratidão, fazia o bem pelo bem, *dava com a mão direita de modo que a esquerda não visse.*

Ela apenas disse ao rapaz:

— Psiu! Fique caladinho! Jamais diga a alguém o que tenho feito por você e sua família!

— Caros meninos — concluiu vovô —, proceder assim é fazer o bem sem ostentação. É dar com a mão direita sem que a esquerda veja, e é também servir ao próximo inspirado na fraternidade recomendada por Jesus, nosso amado Mestre.

(Adaptação do item 4, do capítulo 13 de *O evangelho segundo o espiritismo*, de Allan Kardec.)

7

A PRIMA LILÁSEA

Buscai, pois, primeiramente, o reino de Deus e a sua justiça, e todas estas coisas vos serão acrescentadas. (MATEUS, 6: 33.)

7.1 UMA MENINA DE BOA VONTADE

No dia seguinte da primeira reunião realizada por Dr. Arnaldo Vasconcelos, as crianças saíram em visita a uma menina chamada Lilásea, prima de Manoelzinho. Vovô, tia Isabela, Manoelzinho e os irmãos dele e também a menina Leila Barbosa, filha do administrador da Granja, igualmente foram.

Dona Júlia fora professora de Lilásea, gostava muito dela e agora queria visitá-la, a fim de oferecer-lhe dois valiosos presentes. A menina era filha de um pequeno funcionário público, muito modesto. Ele chamava-se Alfredo. Lilásea tinha cinco irmãos. A mãe dela chamava-se Odete e costurava muito para fora, a fim de auxiliar o marido nas despesas da casa. Lilásea ajudava-a nos serviços domésticos: arrematava as costuras, consertava as roupinhas dos irmãos e zelava pelas roupas do pai, quando dona Odete estava muito atarefada com as costuras.

O desejo dessa menina era fazer o curso ginasial e, depois, cursar a escola normal, a fim de obter o diploma de professora. Mas o pai dela, homem pobre, não podia mantê-la nos estudos. Como era muito inteligente e estudiosa, Lilásea estudava sozinha. Lia bons livros, ensinava a escrever contos e histórias e procurava aprender sempre, a fim de progredir. Era, portanto, autodidata.

Mas não era só isso que ela fazia.

Desejava tanto ser professora que resolveu ensinar as crianças a ler. Então, por brincadeira, fundou uma escolinha e começou a ensinar seus irmãos pequenos.

Outras crianças da vizinhança gostaram da brincadeira e pediram às suas mães para também assistirem às aulinhas de Lilásea. As mães consentiram e elas foram.

A escolinha contava, portanto, doze alunos.

Organizou tudo: livro de matrícula, livro de chamada e o programa de ensino, conforme ela própria havia aprendido na escolinha pública.

Os alunos aprendiam até a boa educação e trabalhos manuais, assim como também a moral cristã.

O pai, senhor Alfredo, vendo a dedicação da filha ao trabalho, dizia à esposa, muito satisfeito:

— Deixemos a menina trabalhar! Ela é um anjo! Ensinar a ler sem nada cobrar é também um modo de praticar a beneficência.

E as mães dos alunos diziam umas às outras:

— Lilásea ensina tão bem! Como as crianças aprendem a ler depressa com ela!

7.2 A VISITA

Quando os visitantes chegaram, a aula da prima Lilásea ainda não terminara. Naquele momento, ela lecionava justamente moral cristã.

Foi uma alegria para todos.

Manoelzinho, Chiquinho, Anita e Ceci abraçaram a prima, dizendo:

— Oh! prima Lilásea, quantas saudades nós sentimos de você! Como está sua saúde?

As demais crianças visitantes ficaram encantadas com a salinha de aula. Era uma varanda larga, toda engrinaldada de flores trepadeiras, e os pássaros iam e vinham, cantando, nas árvores mais próximas.

7.3 O PRIMEIRO PRESENTE

Vendo que a jovem professorinha interrompera a aula, vovó disse:

— Continue a aula, querida Lilásea, não a interrompa por nossa causa.

— A senhora não quer fazer algumas perguntas aos meninos? — perguntou a menina — Seria um prazer para todos nós.

Então vovó perguntou aos alunos se eles sabiam os nomes dos doze apóstolos de Jesus, os nomes dos quatros evangelistas, a Parábola do Bom Samaritano, onde foi que Jesus pronunciou as Bem-aventuranças e de quantos livros se compunha O Novo Testamento de N. S. Jesus Cristo.

As crianças responderam a tudo corretamente. Vovó felicitou Lilásea pelo belo trabalho que ela realizava entre as criancinhas pobres e os próprios irmãozinhos, e abraçou os alunos, muito satisfeita e comovida, e a aula terminou.

Em seguida, Eneida e Elisinha entregaram um bolo muito bonito, que elas haviam levado para dona Odete, coisa que causou muita alegria a ela e aos filhos. Por sua vez, vovó entregou à Lilásea o volume que levara, e exclamou:

— É uma lembrança, que oferece a antiga professora que teve a honra de ensinar você a ler.

Lilásea agradeceu com um abraço e um beijo em dona Júlia, abriu o volume e deparou-se com a coleção das obras completas de Allan Kardec, isto é, os livros de que se compõe a Codificação do Espiritismo.

Ela pegou um por um, contemplou-os com amor e satisfação, e leu os títulos em voz alta, enquanto as outras crianças ouviam em silêncio:

1 – *O livro dos espíritos*

2 – *O livro dos médiuns*

3 – *O evangelho segundo o espiritismo*

4 – *O céu e o inferno, a justiça divina segundo o espiritismo*

5 – *A gênese, os milagres e as predições*

6 – *O que é o espiritismo*

7 – *Obras póstumas*

Lilásea ficou muito comovida e, depois de agradecer, disse à sua antiga mestra:

— A senhora acaba de oferecer um tesouro inestimável de esclarecimentos e consolo à minha alma. Hei de estudar essas obras durante toda a minha vida, a fim de que seus ensinamentos guiem os meus passos nas lutas da existência.

7.4 O segundo presente

Em seguida, dona Júlia dirigiu-se aos pais de Lilásea e disse-lhes:

— Meus amigos, agora peço permissão para oferecer novo presente à sua filhinha. Sabendo que esta boa menina deseja estudar para se diplomar professora, venho oferecer-lhe uma bolsa de estudos. Sei que ela é inteligente e esforçada, e por isso desejo custear-lhe os estudos. Na ocasião oportuna, providenciaremos o que for necessário para o início do curso.

— As crianças bateram palmas. Houve abraços e risos. Lilásea e sua mãe choraram de alegria, e o senhor Alfredo agradeceu a oferta de dona Júlia com lágrimas nos olhos.

Dona Odete ofereceu mate gelado às visitas, com o bolo que Eneida e Elisinha haviam levado, e todos se sentiam alegres.

7.5 O presente celeste

A visita estava encerrada. Dona Júlia ia retirar-se das despedidas com as criançass. Antes das despedidas, porém, Lilásea ofereceu às crianças visitantes uma espécie de álbum em cartolina branca, organizado por ela própria com muito capricho.

Dentro do álbum havia uma página em papel de linho, enfeitada com desenhos de cercaduras, onde estavam escritos, com a bonita caligrafia da própria Lilásea, dois belos sonetos ditados pelo Espírito Auta de Souza, poetisa brasileira, ao médium Francisco Cândido Xavier.

Oferecendo o presente, exclamou:

— Estes dois sonetos são duas admiráveis lições de amor e fraternidade que o luminoso Espírito Auta de Souza oferece aos seus irmãos de humanidade, que somos nós.

Eles são, portanto, uma prenda celeste que nós recebemos. Através deles, Auta de Souza dedica-se à causa de Jesus valendo-se da arte poética.

Desejo que, com essa leitura, vocês aprendam a bela lição de fraternidade que a poetisa desencarnada concedeu e tomem interesse pela boa poesia, arte encantadora que sempre serviu às causas nobres.

As crianças tomaram o pequeno álbum, agradeceram e depois bateram palmas.

Em seguida, regressaram à Granja Feliz, onde o Dr. Arnaldo os esperava para jantar.

No próximo capítulo, encontraremos os dois sonetos aqui citados.

8

A VOZ DE AUTA DE SOUZA

O meu mandamento é este, que vos ameis uns aos outros, assim como eu vos amei. (JOÃO, 15: 12.)

No pequenino álbum oferecido por Lilásea aos seus gentis visitantes via-se escrito o seguinte: "Dois sonetos concedidos pelo Espírito Auta de Souza ao médium Francisco Cândido Xavier".

1 Bendita sejas

Bendita sejas, mão piedosa e pura,
Em cujos doces dedos, de mansinho,
A caridade tece o branco arminho,
Com que afaga a miséria e a desventura.

Estrela, fulgurando em noite escura,
És a consolação, a paz e o ninho
Dos aflitos, que choram no caminho,
Sob as chagas da sombra e da amargura...

Mão que repartes luz, pão e agasalho,
Coroada na Glória do trabalho,
A refulgir em todas as igrejas!

Por toda a gratidão que te abençoa,
Mão que ajudas, contente, humilde e boa,
Deus te guarde, feliz! Bendita sejas!

2 Escuta!

Não menosprezes quem te bate à porta...
Contempla a segurança de teu ninho
E repara, lá fora, o torvelinho
Da miséria que punge e desconforta...

Fome... Frio... Viuvez... Pranto escarninho...
Não respondas dizendo "que me importa?"
Traze à dor da esperança quase morta
Um caldo... Um pão... E um gesto de carinho.

Uma gota de leite... Um trapo... Um bolo...
Isso é muito a quem sofre sem consolo,
No vale onde a aflição ruge e domina...

E a migalha que deres a quem chora,
Um dia, ao sol do Amor, na eterna Aurora,
Será teu prêmio na Mansão divina.

8.1 Análise dos dois sonetos

Bem-aventurados os misericordiosos porque alcançarão misericórdia. (MATEUS, 5: 7.)

8.1.2 Durante o passeio

As crianças haviam gostado imensamente dos dois sonetos de Auta de Souza, presenteados pela prima Lilásea.

No dia seguinte ao da visita, pela manhã, como o Dr. Arnaldo estivesse muito ocupado com os negócios da sua fazendola, não pôde levar os netinhos ao passeio habitual pelos campos. A tia Isabela, então, resolveu passear com eles, substituindo vovô, para que eles não ficassem tristes.

Pelo caminho, foram conversando.

Eneida, que revelava grande inclinação para a literatura, afirmando que desejava ser escritora e poetisa quando crescesse, perguntou à tia:

— Querida tia, a prima Lilásea disse que os dois sonetos do Espírito Auta de Souza, que ela nos ofereceu, contêm conselhos sobre a caridade, a fim de que nós aprendamos a praticar o bem para com aqueles que sofrem. Isso é verdade?

— Sim, Eneida, é verdade! — respondeu Isabela — Aqueles dois sonetos são como que duas orações ao amor fraterno e ao bem, um estímulo para os nossos corações amarem as pessoas que sofrem e partirem em socorro daqueles que padecem frio, fome, doenças e outros infortúnios...

— Como a senhora pôde compreender isso nos dois sonetos? — tornou a perguntar a inteligente menina.

E a jovem Isabela respondeu:

— Oh, minha querida! Você é tão inteligente, sabe tão bem as lições de matemática, na escola, e ainda não sabe analisar o sentido de uma poesia?... Pois vou ensinar-lhe...

Eneida calou-se interessada em ouvir a tia Isabela.

8.1.3 O conselho do Céu

— O ensinamento contido nos dois sonetos está muito claro, Eneida, qualquer pessoa poderá compreender o apelo da poesia de Além-túmulo em favor dos que sofrem.

Por exemplo:

No primeiro soneto, cujo título é "Bendita sejas", ela abençoa as mãos que praticam a caridade com quem sofre miséria e é desventurado. Diz ela, no primeiro quarteto:

> Bendita sejas, mão piedosa e pura,
> Em cujos doces dedos, de mansinho,
> A caridade tece o brando arminho,
> Com que afaga a miséria e a desventura.

Tecer o brando arminho é fabricar roupas e toda espécie de benefícios para os necessitados e *afagar a miséria e a desventura* é socorrer, para ajudar e consolar, a quem nada possui e é infeliz.

E *os aflitos que choram no caminho, sob as chagas de sombra e da amargura*, aos quais ela se refere no segundo quarteto, são os pobres desabrigados e doentes, que não têm lar e vivem ao relento.

— E o segundo soneto, titia, o *Escuta!*, também aconselha a caridade? — tornou a indagar Eneida, pensativa.

— Certamente, Eneida! E esse ainda é mais objetivo do que o primeiro. Repara que o *primeiro verso do primeiro quarteto* é uma advertência forte: *Não menosprezes quem te bate à porta...*

— Que quer dizer isso, tia?

— É o mesmo que dizer: Não repilas os pobres e os sofredores que te procuram para pedir socorro... Esse soneto todo é um convite, um apelo do Céu para que amemos e sirvamos o nosso próximo sofredor. E ele termina com esta doce promessa, que vale por uma bênção de Deus, a qual, mais tarde, obteremos, se cumprirmos o dever de amar e servir ao nosso próximo:

E a migalha que deres a quem chora,
Um dia, ao sol do Amor, na eterna Aurora,
Será teu prêmio na Mansão divina.

E Isabela concluiu:

— *Sol do Amor* e *eterna Aurora* são figuras literárias que indicam a boa situação de um espírito desencarnado, que traz a consciência tranquila por ter cumprido o próprio dever de amar a Deus e o próximo neste mundo; *Mansão divina* é o Além-túmulo, onde as almas das pessoas boas e caritativas se sentem felizes, premiadas pela aprovação da Lei de Deus e da própria consciência.

Conforme você vê, Eneida, uma poetisa desencarnada, cujo Espírito é bondoso e iluminado, volta à Terra para ajudar a nossa instrução moral. E suas lições são ditas em versos, através de um médium escrevente.

A poesia é uma arte sublime e os grandes poetas sempre serviram às causas elevadas da humanidade, com os seus versos nobres e belos. Tudo isso não é sublime e comovente?

— Oh, sim, tia! Tudo isso é sublime e comovente! E eu desejo seguir os ensinamentos da poetisa Auta de Souza, que aconselha no segundo quarteto do soneto *Escuta*!: o após "Escuta!:"... soneto Escuta!: "Traze à dor da esperança quase morta/ Um caldo... Um pão... E um gesto de carinho".

Oh, tia, tudo isso é muito bonito, sim, muito bonito!

9

O MENINO ENFERMO

Tudo quanto, pois, quereis que os homens vos façam, assim fazei-o vós também a eles; porque esta é a Lei e os profetas.
(MATEUS, 7: 12; LUCAS, 6: 31.)

9.1 ENEIDA PREOCUPADA

Naquele mesmo dia, à hora do jantar, todos notaram que Eneida estava muito preocupada. Dona Júlia foi a primeira a falar:

— Certamente você está com saudades de mamãe e de papai, não é? Quer regressar à casa de seus pais, não é mesmo?

— Sim, vovó — respondeu a menina —, estou com saudades de mamãe e de papai, mas não é por isso que eu estou pensativa.

— Então, o que a preocupa, minha filha? Pode-se saber a causa da sua tristeza?—inquiriu vovó carinhosamente, sem prever a resposta da netinha.

— Sim, todos podem saber, não há mistério. Estou preocupada com os dois sonetos que o Espírito da poetisa Auta de Souza ditou do Além-túmulo... — explicou a linda menina.

— Como assim, minha filha? Por que isso a preocupa tanto? Será porque os sonetos foram transmitidos através da escrita de um médium?— indagou vovó, cheia de solicitude.

— Não, senhora, não é isso! Eu compreendo bem o trabalho de um médium e não me impressiono... Mas é que Auta de Souza aconselha a praticar o bem para com os que sofrem... E eu preciso atender os conselhos desse generoso Espírito.

— Ah! — exclamaram vovó, vovô e tia Isabela, a um só tempo. Vamos, então, conversar! Que pretende você fazer a fim de atender aos conselhos da poetisa desencarnada?

Eneida meditou durante alguns segundos e depois começou a falar.

9.2 O bom coração de Eneida

— Parece que Auta de Souza está me inspirando hoje. Hoje, depois do almoço, fui à cozinha procurar Anita e Ceci, para irmos recordar nossas lições, e ouvi a conversa da Cristiana com a comadre dela, dona Marocas.

— Que diziam elas? — perguntou vovô.

— A Cristiana perguntou à dona Marocas como ia passando o Ricardo, filho de Zeca Felício, vizinho dela.

— Vizinho de quem? Da Cristiana ou da dona Marocas? — interrompeu Carlos, que gostava de tudo muito bem explicado.

— Ora, vizinho da dona Marocas... Você não vê que a Cristiana mora aqui? Eu não os conheço, mas retive os nomes deles na memória.

— Dona Marocas, então, respondeu que o Ricardo está completamente paralítico das perninhas, e que o médico ainda não conseguiu curá-lo porque os pais do Ricardo não têm recursos para fazer o tratamento adequado, e que a família está passando por muitas dificuldades e provações.

O pai é um pobre carroceiro e ganha ordenado muito pequeno. Ricardo possui três irmãozinhos menores do que ele, e todos passam muitas necessidades. O doentinho não pode se alimentar bem porque o pai não ganha o suficiente, e também não tem com que o agasalhar, e por isso sofre frio. Então, lembrei-me dois sonetos de Auta de Souza, com que Lilásea nos presenteou, os quais apelam ao nosso coração, a fim de ajudarmos os que sofrem miséria e desventura.

— Muito bem, Eneida, e o que deseja você fazer para ajudar essa família? — indagou dona Júlia.

— Ora, vovó, Auta de Souza refere-se a: "Um caldo... Um pão... E um gesto de carinho... Uma gota de leite... Um trapo... Um bolo..." E então, por isso mesmo, eu queria visitar o Ricardinho e levar umas roupinhas para ele, um pouco de leite, pão, doces, frutas... Nós temos tantas aqui...

— E ovos também, biscoitos... — aparteou Elisinha.

Mas Eneida continuou:

— A senhora não acha, vovó, que nós poderíamos levar essas coisas para o menino doente? Eu não tenho dinheiro para comprar isso tudo, mas a senhora poderia emprestar e quando eu crescer e for uma professora, pagarei a dívida...

Muito comovida, dona Júlia abraçou e beijou e netinha com lágrimas nos olhos, dizendo:

— Sim, minha filha, eu conheço o Zeca Felício, sei que ele é um homem honesto e trabalhador e está com um filho doente. Você levará ao menino tudo isso que o seu coração deseja levar. Vamos preparar tudo.

9.3 Preparativos

O resto da semana foi dedicado aos preparativos dos presentes para Ricardinho.

Vovó fez duas mudas de roupas às pressas; tia Isabela foi à cidade, comprou flanelas, fez dois pijamas e também comprou meias. Eneida, Carlos e Elisinha providenciaram o resto.

— O bolo recomendado no soneto eu levarei.— disse Carlos. Eu também quero atender à Auta de Souza. A Cristiana vai fazer o bolo para mim...

— Eu levarei uma dúzia de ovos da minha galinha e os biscoitos. — interpôs Elisinha.

— Eu, então, levarei o leite, o pão, as frutas, os doces e as roupas. — rematou Eneida. Vovô disse que eu leve o que quiser aqui da Granja.

— As roupas é vovó que vai levar — ponderou Carlos —, pois foi ela quem as comprou.

— Não! — argumentou Eneida — Vovó combinou comigo que eu levarei as roupas também, e quando eu crescer e estiver lecionando pagarei a ela a importância que ela despender agora.

Então Carlos respondeu, não desejando contrariar a irmãzinha tão boa:

— Ora, ora... Até você crescer...

"E a migalha que deres a quem chora,

Um dia, ao sol do Amor, na eterna Aurora,

Será teu prêmio na Mansão divina."

9.4 Tarde fraterna

Chegara, finalmente, o domingo.

Todos saíram para a visita ao menino Ricardinho.

Leila Barbosa, Manoelzinho e os irmãos de ambos, convidados de Eneida, também foram.

À última hora, Cristiana, que já fizera o bolo para Carlos levar, fez uma broa de milho, muito cheirosa, e mandou para o doentinho.

A casinha do Zeca Felício não era muito distante e todos foram a pé, carregando os embrulhos.

No campo é muito agradável caminhar a pé.

Ricardinho não coube em si de contente, vendo que tantas crianças se haviam lembrado dele. Recebeu os presentes com imensa alegria e logo comeu biscoitos e duas bananas.

Conversou, riu, divertiu-se muito.

— Por que você ficou doente assim, hein? — perguntou Elisinha, que era um pouco curiosa e gostava de puxar conversa.

— Ah! — respondeu Ricardinho tristemente — Isso foi um resfriado muito forte, que virou reumatismo. Imagine você que eu fiquei quase o dia todo dentro do ribeirão, com água pela cintura, pescando lambari, escondido da mamãe. À noite, tive muita febre, adoeci e até hoje estou assim...

— Faz muito tempo que você ficou dentro do ribeirão, com água pela cintura? — perguntou Eneida, muito penalizada.

— Faz um ano, mas eu queria ficar bom para poder brincar, correr, ir à escola e ajudar a mamãe nos trabalhos dela. Se eu soubesse, não teria ficado o dia quase todo dentro d'água e apanhando sol.

— Mas você ficará bom, com certeza. — voltou a dizer Eneida. Sabe Ricardinho, nós temos muita fé em Deus, havemos de orar diariamente, pedindo a Ele para permitir a sua cura.

Carlos reforçou as palavras da irmã, dizendo:

— Vovô é médico, tratará de você com atenção e cuidado... E tia Isabela é médium, ela fará passes em você e pedirá conselhos aos nossos guias espirituais a respeito da sua doença.

— Ah! — respondeu o doente — Eu também tenho muita fé em Deus, creio muito nos passes e nos guias espirituais! A minha tia Zizi, que tinha uma doença muito grave, foi curada assim, no centro espírita...

Depois, os visitantes cantaram para Ricardinho ouvir, recitando e brincando de teatrinho, a fim de diverti-lo. E, finalmente, Eneida declamou os dois sonetos de Auta de Souza, que já conhecemos: *Bendita sejas* e *Escuta!* e explicou ao menino enfermo o que ambos significavam.

Mas aproximava-se a hora de retorno à granja de vovô. Tia Isabela pediu silêncio às crianças, fez uma fervorosa prece a Jesus, pedindo alívio para os sofrimentos de Ricardinho e de sua família, e em seguida aplicou-lhe um passe. Depois disse:

— Voltaremos sempre, Ricardinho, para orar com você, rogando a Deus a cura do seu reumatismo.

Foi uma bela tarde fraterna, uma doce reunião de amor e caridade presidida por Jesus, onde as crianças pareciam anjos mensageiros do bem, guiados pelo amoroso Espírito Auta de Souza.

Eram quatro horas da tarde. Todos se despediram.

Muito satisfeito, Ricardinho exclamou:

— Muito obrigado por tudo! Hoje mesmo vou estrear meu pijama novo e o cobertor. É o primeiro pijama que eu possuo... E vou comer do bolo, do queijo e da broa.

Eneida aproximou-se dele e disse baixinho, despedindo-se:

— Olhe Ricardinho, tenha fé em Deus! Ore todas as noites, pedindo a Jesus a sua cura. Nós também pediremos por você...

Nisto conhecerão todos que sois meus discípulos, se tiverdes amor uns aos outros. (JOÃO, 13: 35.)

10

A SERVA DE JESUS

Nisto é glorificado meu pai, em que vós deis muito fruto; e assim vos tornareis meus discípulos. (JOÃO, 15: 8.)

10.1 ALEGRIA!

Na quinta-feira, depois daquele domingo, grande surpresa movimentou a Granja Feliz. O senhor Frederico e dona Elizabeth, pais de Carlos, Eneida e Elisinha, chegaram de carro a fim de visitar os filhos.

O pequenino Luiz Adolfo e sua babá, Antonieta, vieram também. Mas a surpresa aumentou quando as crianças viram que atrás do carro de papai vinha também uma "kombi".

Da "kombi" desceram a querida amiga dona Rosinha, seu marido, capitão Luís Gonzaga, e os cinco filhos adotivos de ambos, isto é, as meninas Lívia, Valéria e Alcíone e os meninos Emanuel e André Luís.[4]

---

[4] N. E.: Personagens constantes do 1º livro desta série.

A alegria redobrou, porém, quando Carlos e Eneida viram que Ronaldo e Dirceu também desciam da "kombi", vindos em companhia de dona Rosinha, para visitar os amiguinhos.

Elisinha não se conteve e disse cheia de alegria:

— Oh, mamãe! Só faltam os meus brinquedos... A senhorita Fifita, o Cara-do-pai, o Robertinho, o Juquinha, a Soninha-Conceição e o Janjão Peludo... Por que a senhora não os trouxe?[5]

Ela sentia saudades da cachorrinha, do gato, do boneco, do papagaio, da boneca loura e do urso amarelo, que eram dela.

Mamãe sorriu, beijou a filhinha e distraiu-a com outra coisa.

10.2 Uma amiga nova

Em companhia de dona Rosinha viera também uma bonita moça. As atitudes dela eram muito distintas e as feições muito serenas.

Dona Rosinha falou, apresentando a jovem:

— Queridos irmãos — disse ela —, esta é uma amiga muito querida, uma dedicada serva de Jesus. É a nossa irmãzinha Miriam de Nazaré. Ela é médium, tem feito curas muito importantes, principalmente em crianças. Já falei a seu respeito algumas vezes, lembram-se?

— Oh, sim, lembramos! — responderam todos — É aquela jovem que se hospedou no albergue dos pobres e ajudou as mães a cuidarem dos filhinhos doentes, pedindo receitas aos guias espirituais para eles e fazendo-lhes preces.

A moça sorriu e cumprimentou a todos, e dona Rosinha continuou:

---

[5] N. E.: Referência a textos do 1º livro desta série.

— Sim, é ela mesma. Nos seus trabalhos de médium ela possui assistência espiritual excelente e tem curado muitos doentes.

Ouvindo isso, Carlos e Eneida se entreolharam. Ambos pensaram em Ricardinho, o menino enfermo, e disseram consigo mesmos:

— Creio que Jesus está ouvindo nossas preces em favor de Ricardinho.

E o dia todo decorreu entre alegrias e muita paz. À noite, em palestra familiar, em que todos tomaram parte, vovô disse à Miriam:

— Aos domingos temos reuniões públicas para o estudo do Evangelho e da Doutrina Espírita. Elas são realizadas no humilde centro da nossa granja. Convidamos nossa irmã Miriam de Nazaré a comparecer à reunião para falar alguma coisa sobre o Evangelho de Jesus.

Miriam agradeceu a deferência do Dr. Arnaldo e prometeu comparecer à reunião.

10.3 Miriam em ação

No dia aprazado, isto é, no domingo, realizou-se a reunião. A sala estava repleta. As crianças da Granja, as sete Marias, o irmão e os pais, a jovem Lilásea, seus cinco irmãos e mais os doze alunos estavam presentes também. Mas, apesar de haver ali tantas crianças e tantos adultos, fazia-se muito silêncio.

A assistência respeitava o recinto do centro porque compreendia que ali era um templo, aonde iam para orar a Deus, estudar suas Leis e praticar o intercâmbio com os Espíritos desencarnados, e não para conversar e rir, por isso todos deviam respeitar esse lugar santo.

Depois do estudo do Evangelho, feito pelo Dr. Arnaldo, foi concedida a palavra à Miriam, para falar sobre uma de suas lições. E ela começou a fazê-lo com toda a desenvoltura e inspiração:

10.4 O DOM DE CURAR

— Nos quatro evangelhos escritos pelos evangelistas Mateus, Marcos, Lucas e João, pode-se ler a empolgante notícia das muitas curas feitas por Jesus e seus apóstolos em pessoas doentes. — assim Miriam iniciou sua preleção.

Cegos, paralíticos, leprosos, lunáticos, nervosos, obsidiados, estropiados e vítimas de muitas doenças de outras espécies, tais como febres, surdez, mudez, etc., foram curados pelo poder magnético espiritual de Jesus, dos seus apóstolos e de muitos outros discípulos da sua Doutrina.

A Doutrina de Jesus, conforme sabemos, é o Cristianismo.

Mas Jesus não receitava remédios para curar doentes. Ele apenas espalmava as mãos sobre a pessoa enferma e transmitia os fluidos benéficos, as virtudes curadoras que possuía, a fim de curá-los. As curas feitas pelos apóstolos e discípulos de Jesus foram realizadas do mesmo modo.

O poder de curar com a imposição das mãos todos possuem, porque é um dom espiritual concedido pelas leis da natureza. Uns o possuem em abundância, outros, em grau menor. Em alguns, esse dom é desenvolvido com amor e fé em Deus; em outros, são perdidos porque os seus portadores são indiferentes às coisas de Deus, desconhecem os próprios valores espirituais. Portanto, o dom de curar doentes é um dom natural, concedido por Deus a todos os seus filhos.

Mas para que esse dom ou virtude possa se desenvolver em nós, a fim de manifestar o seu poder, será necessário que a pessoa que o possuir se instrua nas coisas de Deus e se torne virtuosa, isto é, uma pessoa boa, honesta, séria, amiga do próximo, amando verdadeiramente a Deus e o próximo.

Miriam fez uma pausa e, então, uma pessoa que se achava na assistência perguntou:

— As pessoas que têm o dom de curar são médiuns? Os Espíritos guias se aproximam delas e fazem a cura no doente servindo-se da sua mediunidade, não é mesmo?

Miriam respondeu:

— Sim, as pessoas que possuem esse dom são médiuns, e são os guias espirituais que operam a cura por intermédio delas. Mas há algumas dessas pessoas que possuem forças espirituais superiores, e essas, então, podem curar doenças servindo-se das suas próprias forças. Era isso que acontecia com Jesus e seus apóstolos.

Toda pessoa que ama a Deus e o seu próximo e deseja praticar o bem será amparada por Jesus e pelos guias espirituais e, então, poderá praticar grandes benefícios a favor dos que sofrem. Isso também é caridade.

— E os médiuns espíritas também podem curar doentes? — tornou a perguntar a mesma pessoa.

E Miriam respondeu:

— Sim, podem. Mas são os guias espirituais e não propriamente o médium que curam. Por isso mesmo, estes não podem nem devem receber nenhuma paga pelas curas que fizerem. Quem receber pagamento incorrerá em grave erro perante as leis de Deus e poderá perder a sua faculdade mediúnica.

Muitos doentes têm sido curados pelos médiuns espíritas. Essas curas são parecidas com as que Jesus e seus apóstolos faziam, isto é, curas em obsidiados, em paralíticos e em várias outras espécies de doentes. Em quase todos os centros espíritas existem médiuns que possuem o dom de curar. Quando eles não podem curar é porque não são dedicados à Doutrina que servem nem têm a verdadeira fé e o verdadeiro amor para realizar o trabalho; ou, então, porque a doença é uma provação necessária ao progresso espiritual do doente, uma expiação de erros seus cometidos em existências passadas, ou mesmo na existência atual, os quais agora são punidos com a atual doença.

As crianças prestavam muita atenção. Elas estavam gostando muito da explicação fornecida por Miriam.

Finalmente terminou a reunião e foi vovó quem fez a prece de encerramento.

Todos haviam gostado do que a expositora dissera, porque ela atingira um ponto muito importante do Evangelho: falara em Jesus, contando as muitas curas que ele fizera e, também, lembrando as curas que outros homens obtiveram pedindo a proteção de nosso Mestre Jesus Cristo.

11

A CURA DE RICARDINHO

E Pedro disse: não possuo nem prata nem ouro, mas o que tenho, isso te dou: Em nome de Jesus Cristo, o Nazareno, levanta-te e anda! [...] E viu-o todo o povo a andar e a louvar a Deus. (Atos 3: 6 a 9)

11.1 O interesse de Carlos e Eneida

Quando chegaram a casa, de volta da reunião, Carlos e Eneida se aproximaram de Miriam e lhe disseram:

— Querida Miriam! Nós temos um amiguinho que está paralítico das pernas. Ele chama-se Ricardinho Felício da Silva, mas o apelido dele é Ricardinho. Temos muita pena dele, sinceramente desejamos vê-lo curado. Por isso, diariamente nos reunimos e oramos a Jesus para que ele possa ficar bom de sua doença. Quem sabe se, um dia, nosso amado Mestre permitirá que Ricardinho seja curado ou, pelo menos, que melhore um pouco?

Miriam respondeu:

— Sim, queridos meninos, continuem a pedir a Jesus pelo doentinho. Um dia, quando a Lei de Deus permitir, Ricardo ficará bom. Uma doença grave é uma provação, mas também poderá ser um testemunho de resignação e paciência que o doente precisava dar a Deus. Mas, depois que o testemunho ou provação se completarem, o doente poderá ficar bom.

— Temos fé e esperança de que Jesus cure o nosso amigo também. — responderam os dois irmãozinhos. Você, Miriam, quer ir visitá-lo conosco, fazer passes nele, para ver se ele melhora?

Miriam abraçou as duas crianças e falou:

— Sim, irei com vocês. Pedimos a Deus por ele. E se for possível a sua cura, ele ficará bom.

11.2 Tratamento espiritual

Depois do almoço, seguiram todos, novamente, para a casa de Zeca Felício, em visita a Ricardinho. Levaram outros presentes e comestíveis para o doentinho.

O menino ficou radiante com a nova visita dos seus amiguinhos.

Como da outra vez, as crianças recitaram, cantaram e contaram coisas engraçadas para o enfermo ouvir.

Ricardinho riu e distraiu-se muito. Depois fizeram uma espécie de piquenique: levaram o menino para um bosquezinho próximo da casa e merendaram todos juntos, entre risos e cantarolas.

Mas, de repente, vovô e Miriam vieram chamá-los:

— Agora basta de brincadeiras! Vamos orar pelo nosso doente.

Entraram todos em casa, sentaram-se e silenciaram, inclusive Ricardinho. Então Miriam fez uma ardente prece a Jesus, pedindo a assistência dos protetores espirituais, a fim de beneficiarem o menino enfermo.

As crianças também oravam muito sinceras e quietinhas. O silêncio era profundo. Parecia que o divino Mestre ali estava presente, atendendo ao pedido daqueles corações reunidos em preces.

Miriam, então, fez o passe com muito amor e magnetizou a água para Ricardinho tomar. Os guias espirituais aproximaram-se dela, fazendo-a transmitir as forças celestes curadoras para beneficiarem o doente.

Ao terminar, ela disse ao Dr. Vasconcelos:

— Meu irmão, o senhor, que é médico, receite para esse irmãozinho doente. Ele necessita de tratamento constante.

11.3 Deus permitiu

Diariamente, Miriam ia à casa de Ricardinho, acompanhada de vovô, titia Isabela, Carlos, Eneida, Elisinha, a fim de aplicar o passe.

Os pais de Carlos e Eneida regressaram ao Rio de Janeiro. Dona Rosinha e família também regressaram, mas a serva de Jesus, Miriam, não regressou. Ela continuou na Granja, a fim de não interromper o tratamento de Ricardinho.

No fim de trinta dias, o menino já podia caminhar amparado por uma bengalinha, agora sem as dores que sentia; e depois, com mais dez dias de tratamento, caminhava livremente pela casa toda e até pela estrada que levava à Granja Feliz.

A alegria de todos foi imensa!

Os pais de Ricardo Felício quiseram fazer uma reunião de preces em agradecimento a Deus pela cura do filho.

Miriam fez a reunião de prece com vovô e vovó, e muitas bênçãos do alto iluminaram aquela casa nesse dia.

— Queridos meninos, vocês estão lembrados dos dois sonetos do Espírito Auta de Souza?

O nome deles é *Bendita sejas e Escuta!*.

Foi lendo esses dois sonetos que Carlos e sua irmã Eneida aprenderam a praticar o bem, amando e ajudando os que sofrem. Por aí, vemos que Deus permite que os Espíritos superiores se comuniquem com os homens, a fim de ensiná-los a amar a Deus sobre todas as coisas e o próximo como a si mesmos. E os Espíritos se comunicam até mesmo em versos.

Como é bela e generosa a Doutrina Espírita!

12

O MAIOR MANDAMENTO

Então Jesus lhe disse: hoje houve salvação nesta casa, pois também este é filho de Abraão. Porque o Filho do homem veio buscar e salvar o que estava perdido. (LUCAS, 19:9 e 10.)

12.1 FELIZ ACONTECIMENTO

Depois da cura do menino Ricardinho, muitas coisas boas aconteceram a ele e à família dele.

O senhor Zeca Felício, pai de Ricardinho, auxiliado pelo Dr. Arnaldo e outros bondosos amigos, conseguiu um bom emprego. O médico fez-lhe empréstimo de dinheiro a longo prazo para consertar a casa, e a família ficou mais bem acomodada.

Miriam aconselhou Zeca Felício e dona Alice, sua esposa, a realizarem o culto do Evangelho no lar e agora, uma vez por semana, os amigos se reuniam em casa para estudar as sublimes lições que Jesus ensinou quando viveu neste mundo. E aos domingos, toda a família Felício passou a frequentar as reuniões que o Dr. Arnaldo fazia, às dez horas da manhã, no centro espírita da Granja Feliz.

Por sua vez, Ricardinho e seus irmãos passaram a fazer parte do grupo de crianças que aprendiam o Evangelho com vovô, e agora também eram excelentes amiguinhos de Carlos, de Eneida, de Elisinha, de Manoelzinho e dos demais meninos.

A primeira reunião do culto do Evangelho na casa de Ricardinho foi muito bonita. O menino ficara muito agradecido a Deus e a Jesus pela cura da sua doença e se tornou um crentezinho muito sincero nos ensinamentos do Evangelho, assim testemunhando a gratidão do seu coração.

Naquele dia, ele fizera questão de ajudar dona Alice, sua mãe, a preparar a salinha para a reunião. Espanou as cadeiras e os bancos, estendeu uma toalha limpa na mesa, enfeitou o recinto com umas rosas vermelhas, que ele próprio colheu no jardinzinho da casa, varreu o quintal e o jardim, sentindo-se muito satisfeito e feliz. E disse para si mesmo:

— Hoje é um dia feliz para minha casa! Miriam disse que Jesus nos visitará, durante a reunião, com uma irradiação do seu pensamento. Quero preparar tudo e ficar muito bonzinho, a fim de que Jesus fique contente comigo quando nos visitar e preste atenção em mim.

Depois de tudo pronto, o menino Ricardo tomou um banho, vestiu uma roupinha nova, que tia Isabela fez para ele, escovou os dentes, com pasta dentífrica que Carlos levara como presente, penteou os cabelos, calçou os sapatos e esperou.

Era sábado, e a inauguração do culto do Evangelho estava marcada para as três horas da tarde.

12.2 Preparativos

Na hora exata, a reunião começou. Vovô presidiu e Miriam falou sobre temas evangélicos.

Zeca Felício e dona Alice sentaram-se à mesa também. Eles eram os donos da casa e precisavam aprender como se realizava o culto do Evangelho no lar.

Zeca Felício havia pedido, antes, ao Dr. Arnaldo:

— Dr. Arnaldo, enquanto eu não estiver bastante habilitado a presidir o culto do Evangelho em minha casa, peço ao senhor a caridade de vir presidi-lo para mim, até que eu aprenda.

Vovô respondeu:

— Sim, meu amigo, com satisfação o farei, e, quando não me for possível vir, minha mulher ou minha filha virão em meu lugar e presidirão o estudo. Mas bastará você fazer as preces e ler as lições contidas em *O evangelho segundo o espiritismo* ou em alguns outros livros que tratem do Evangelho, para que a reunião do culto esteja realizada.

12.3 "Jesus no lar"

Depois da prece, feita pelo Dr. Arnaldo, e após ler um trecho do Evangelho, Miriam começou a falar e disse o seguinte:

— No capítulo 18 do evangelho escrito pelo evangelista Mateus, versículo 20, existe a notícia de que Jesus, um dia, durante uma conversa que teve com seus discípulos, deu-lhes muitos conselhos e instruções importantes para a prática da Doutrina que ensinava. Ele os aconselhou até mesmo a se reunirem para orar e suplicar a Deus, nosso Pai e Criador, o de que necessitassem, tal como nós estamos fazendo neste momento.

O amado Mestre foi, portanto, o fundador do culto do Evangelho no lar.

A fim de animar seus seguidores a se reunirem sempre, para estudar as coisas de Deus e as lições que Ele próprio, Jesus, dava aos apóstolos e discípulos, chegou a dizer o seguinte: "Onde estiverem dois ou três reunidos em meu nome, ali estou no meio deles" (MATEUS, 18: 20).

Conforme vocês veem, queridos irmãos, estamos reunidos, aqui, em nome de Jesus; estamos pedindo a sua bênção e a sua proteção para este lar, e por isso Ele está conosco, presente entre nós, através de um raio do seu pensamento.

Assim sendo, devemos permanecer aqui com muito respeito e amor, com seriedade e distinção, porque, não sendo assim, Jesus não estará conosco.

As crianças ficaram muito satisfeitas e comovidas por saberem dessa novidade. E todas comportavam-se sem fazer barulho, sem conversa e sem se levantar dos lugares onde se sentavam. E assim se comportavam a fim de merecerem a presença de Jesus entre elas.

Miriam continuou:

— O mesmo evangelista Mateus, no capítulo 22 do evangelho que tem o seu nome, versículos 34 a 40, conta também que, um dia, um fariseu, que era doutor, perguntou a Jesus o seguinte:

— Mestre, qual é o grande mandamento da Lei?

A Lei a que o doutor se referia era a Lei de Deus.

Então Jesus respondeu ao doutor:

— O maior mandamento da Lei é este: "Amarás o Senhor teu Deus de todo o teu coração, de toda a tua alma e de todo o teu espírito. Este é o grande e o primeiro mandamento. O segundo, semelhante a este, é: amarás o teu próximo, como a ti mesmo. Destes dois mandamentos dependem toda a Lei e os profetas".

12.4 O MAIOR MANDAMENTO

— Conforme todos nós sabemos — prosseguiu Miriam —, o próximo são todas as pessoas que vivem e transitam diariamente junto de nós. O próximo são os nossos irmãos de humanidade, isto é, a humanidade toda.

Essa lição de Jesus quer dizer também que devemos praticar sempre o bem: socorrer os que sofrem, ajudar os necessitados, consolar os aflitos, visitar e tratar os doentes, nos hospitais e em suas casas, e também os prisioneiros nos seus cárceres, e ainda orar pelos que sofrem, tanto os encarnados como os desencarnados; devemos tratar com respeito e consideração todos aqueles que nos procuram, até mesmo um pobre que nos pedir esmola, porque ele também é nosso irmão, filho de Deus; enfim, devemos fazer aos outros aquilo que desejamos que os outros nos façam. Tudo isso é amor ao próximo.

Tudo quanto fizermos ao nosso próximo é como se fizéssemos ao próprio Deus. Se ofendermos o próximo, estamos transgredindo a Vontade de Deus, se amarmos o próximo, estaremos amando a Deus.

Por mais pobres que sejamos, portanto, poderemos praticar o bem e a caridade, porque tratar os outros com bondade e orar pelos que sofrem não custa dinheiro e é também um princípio de boa educação.

Até mesmo uma criança poderá praticar o bem e a caridade. Será bom que as crianças aprendam a exercer o bem desde cedo, para serem bons discípulos de Jesus quando se tornarem adultos.

Como o Dr. Arnaldo, ao iniciar a reunião, havia dito que aquele que não entendesse bem as explicações poderia fazer perguntas, Ricardinho pediu licença e perguntou:

— Querida Miriam, quer fazer o favor de explicar como uma criança da minha idade poderá praticar o bem? Eu desejo ser um bom menino, mas não sei como fazer para conseguir isso.

Miriam sorriu. Ela estava encantada com a pergunta do menino Ricardinho. Em seguida, respondeu:

— Sim, com prazer lhes explicarei.

No próximo capítulo, encontraremos a explicação de Miriam a Ricardo Felício e às demais crianças.

13

Como uma criança poderá praticar o bem?

Se alguém me serve, siga-me, e onde eu estou ali estará também o meu servo. E, se alguém me servir, o Pai o honrará.
(João, 12: 26.)

13.1 Convite ao bem

Ouvindo a pergunta do menino Ricardo, Miriam começou a responder:

— Um menino ou uma menina que respeitem seus pais, seus avós, e procuram tratá-los com atenção e carinho, estarão amando o próximo e praticando o bem. É no próprio lar que se aprende e se começa a amar o próximo e praticar o bem. Tratar as pessoas mais velhas, seja da família ou não, os empregados e os pobres, com delicadeza e brandura, também é amar o próximo e praticar o bem, além de ser um princípio de boa educação. E as crianças podem e devem proceder assim.

Ser amável para com os colegas e tratá-los como amigos, ser atencioso para com os professores, respeitando-os e considerando-os como amigos verdadeiros também é amar o próximo e praticar o bem, além de ser um dever de cortesia e testemunho de gratidão e acato.

Não estragar os livros escolares nem os lápis; não desperdiçar as folhas dos cadernos, também é praticar atos de bondade e consideração, porque serão atos de respeito e compreensão para com os próprios pais. Tudo isso custa dinheiro, e se os meninos e as meninas desperdiçarem os artigos escolares estarão sacrificando os seus pais, estarão sendo maus para eles, obrigando-os a comprar outros...

Visitar os orfanatos para brincar e divertir as crianças ali internadas; levar para elas brinquedos que não queira mais, livrinhos de histórias que já foram lidos e postos de lado, ou um caderno escolar, ou um lápis, é praticar o bem, é amar o próximo.

Atender com carinho e bondade uma criança pobrezinha, que bate à nossa porta pedindo uma peça de roupa, um sapatinho usado ou um pão, também é praticar o bem, e uma criança pode praticar esse benefício.

Orar pelas crianças doentes, pelos órfãos, pelos velhinhos desamparados que não têm abrigo e dormem ao relento, também é uma prova de amor e de caridade que uma criança pode apresentar à Lei de Deus, enquanto não puder dar auxílio mais amplo.

Se uma menina sabe tecer sapatinhos de tricô ou de crochê, poderá fazer um ou dois pares de vez em quando, para presentear recém-nascidos pobres, que ficam nuzinhos, envolvidos em trapos, até que a mãezinha deles consiga arranjar alguma roupinha com as pessoas de bom coração.

E se a mesma menina está aprendendo a costurar, como a vovó ou a titia, em vez de viver na praia o dia todo, poderá ajuntar retalhos de fazendas para fazer cobertinhas quentes para os nenês que não possuem cobertores.

Os meninos que sabem cantar e declamar, se forem visitar velhinhos asilados, poderão distraí-los com a sua música, o seu canto e o seu teatrinho, porque também isso é praticar o bem, testemunhar bondade e consideração para com o próximo, dando alegrias e conforto moral àqueles que nada mais esperam deste mundo.

Tudo isso é amor, é fraternidade, é caridade, é o mandamento maior da Lei de Deus!

13.2 Os animais

Até mesmo com os irracionais as crianças poderão praticar o bem.

Os animais são viventes como nós, embora ainda de ordem inferior na escala da Criação divina. Também eles foram criados por Deus. Também eles amam, sentem fome, sentem frio, sentem alegria e sentem dor. Devemos, portanto, amá-los, respeitá-los, admirá-los, admirando neles a obra de nosso Criador e Pai, que está nos céus.

Um antigo adágio popular diz que *fazer mal aos animais é indício de mau caráter.*

E, com efeito, assim é. O bom menino, portanto, ou as boas meninas, que respeitam a Lei de Deus, admiram e amam a Criação divina, não devem maltratar os animais, devem, sim, protegê-los. Por exemplo:

Não prenderem, jamais, pássaros em gaiolas ou viveiros. Trazerem sempre limpa a vasilha onde é depositada a água fresca para seu cãozinho e o seu gatinho beberem.

Providenciar a higiene neles, para que o seu pelo não venha a enfraquecer e cair.

Providenciar lugares secos para eles dormirem.

Não atirar pedras nos pássaros, nem nos pombos, nem nas galinhas, nem nos cães ou quaisquer outros animais.

Tudo isso é ser bom e caritativo, bem educado e respeitador. E se assim procedermos, estaremos observando a Lei de Deus, zelando pela sua Criação; e observar a Lei de Deus é amá-Lo e respeitá-Lo.

Francisco de Assis foi um dos maiores vultos do Cristianismo. Ele soube amar a Deus e o próximo. E também soube amar tanto os animais que — diz a história da sua vida — os animais o conheciam e seguiam passivamente, como se fossem crianças. Até mesmo os animais ferozes, como os lobos e os chacais, procediam assim.

Francisco de Assis considerava os animais como seus irmãos menores. E dizia assim: "Meu irmão, o lobo". Até as águas, as plantas e o Sol ele considerava como irmãos.

A essa altura da palestra de Miriam, Ricardinho não se pôde conter e perguntou:

— Mas por que Francisco de Assis se considerava irmão de tudo isso?

Então, Miriam respondeu:

— Porque tudo isso foi criado também por Deus, nosso Pai, o mesmo Deus que nos criou. E Francisco de Assis respeitava e considerava profundamente a Obra do nosso Pai Celestial; considerava-se irmão de toda a Criação divina.

Eram 16 horas. A reunião terminou, e quem fez a prece de encerramento foi o dono da casa, Zeca Felício. Ele orou o *Pai-nosso* e pediu as bênçãos de Deus para todos os presentes.

Estava inaugurado o culto do Evangelho no lar na casa de Ricardinho. E todos se despediram alegremente, sentindo a paz de Deus no coração.

14

Epílogo

Dois dias depois da inauguração do culto do Evangelho no lar, na casa de Ricardinho, Miriam despediu-se dos amigos da Granja Feliz e regressou à sua terra natal.

As crianças foram até a estação rodoviária a fim de se despedirem dela. Vovó, vovô, tia Isabela, Zeca Felício e dona Alice, o senhor Rodrigo e dona Lucília, Cristiana e o Pacífico da Silva também foram.

As crianças levaram flores para ela, abraçaram-na e beijaram-na pesarosos por sua partida.

Ricardinho chorou de emoção ao abraçá-la e beijá-la, mas mesmo assim pôde dizer:

— Muito obrigado, querida Miriam, pelo bem que você me fez! Por seu intermédio, Jesus curou a minha doença e agora eu sou um menino feliz!

Miriam abraçou-o, comovida também, e depois disse a todas as crianças, despedindo-se:

— Escrevam-me sempre, queridos meninos, e contem o progresso que vocês fizeram no estudo do Evangelho e da Doutrina Espírita. Vocês precisam ter boa vontade para esse estudo, porque tanto o Evangelho quanto a Doutrina Espírita são garantias para a nossa boa conduta neste mundo e para a nossa felicidade na Pátria Espiritual.

Dr. Arnaldo Vasconcelos, que estava presente e ouviu o que ela dizia, aparteou:

— Sim, sim! Os nossos queridos meninos não podem perder tempo! É na infância que devemos aprender a amar e respeitar o Evangelho. Ainda temos dois meses de férias e, nesse espaço de tempo, nossos meninos poderão estudar muito as coisas de Deus. Amanhã mesmo iniciaremos aprendizado regular sobre esse assunto que é tão necessário à nossa vida como o pão que nos alimenta.

Mas, o ônibus partiu, desapareceu na esquina da rua. As pessoas presentes se despediram e foram para suas casas.

Ronaldo e Dirceu obtiveram licença dos pais para terminarem as férias na Granja Feliz em companhia dos seus amiguinhos. Eles também queriam aprender o Evangelho com as lições que vovô tencionava dar, habilitando-se para futuramente serem homens de bem, crentes em Deus, amigos da família e úteis à Pátria e à sociedade, pois só a educação fornecida pelo Evangelho de Jesus Cristo poderá nos esclarecer sobre o cumprimento de nosso verdadeiro dever.

E todos estavam felizes e contentes na Granja Feliz, a fazendola de vovô...

***

Eu sou o pão da vida; aquele que vem a mim não terá fome, e quem crê em mim nunca terá sede. (João, 6: 35.)

CONFIRA NOSSO PRÓXIMO LANÇAMENTO

As três revelações da Lei de Deus

1

DEUS SE REVELA AOS HOMENS?

1.1 O PRIMEIRO DIA

Como é do nosso conhecimento, o doutor Arnaldo Vasconcelos era um excelente homem, médico, espírita, generoso e amigo do próximo. Chefe de família exemplar.

Vimos nos livros anteriores a este que ele possuía uma fazendola nos arredores de bela cidade de veraneio do Estado do Rio de Janeiro, e possuía também três netos que lhe eram muito queridos ao coração: Carlos, Eneida e Elisinha.

Passaram-se alguns poucos anos, porém, desde a última vez que os vimos. Agora vamos encontrar Carlos já com dezesseis anos de idade, Eneida com catorze e Elisinha, doze.

Mas nem só eles haviam crescido. Seus amigos Dirceu e Ronaldo também haviam crescido e então eram adolescentes entusiasmados pela vida, assim como os demais amigos residentes na bela cidade fluminense: Leila Barbosa, a prima Lilásea, Manoelzinho, as "sete Marias" e os demais, já conhecidos nossos em anteriores narrativas.

Todos eles haviam iniciado o aprendizado evangélico-espírita na primeira infância, e agora, já mocinhos, adolescentes, entravam em nova fase da vida e desejavam prosseguir naquele belo curso das coisas de Deus, assim se preparando para um futuro honesto, equilibrado e feliz na sociedade a que pertenciam.

Naquele ano, um tanto fatigados pelo esforço dos estudos, na capital, resolveram passar as férias, mais uma vez, na Granja Feliz, a fazendola do avô, o doutor Arnaldo Vasconcelos. Seguiram, pois, os três para lá, acompanhados de sua tia Isabela, a quem muito queriam, levando consigo também os inseparáveis amigos Dirceu e Ronaldo. Foram todos muito bem recebidos pelos avós e os antigos companheiros de infância, agora jovenzinhos e, como eles, ansiosos por aprenderem tudo que fosse útil e necessário às suas vidas, inclusive o sublime aprendizado do Evangelho e da Doutrina dos Espíritos, mais que indispensáveis àquele que desejar desfrutar a paz nas agitações da vida.

Haviam chegado num sábado, à tarde.

No domingo, pela manhã, o avô convidou-os a um passeio pelo campo, do qual participariam todos os antigos companheiros.

Eram oito horas da manhã.

O céu mostrava-se azul e límpido, o sol brilhava prometendo um dia pleno de esplendores e uma aragem fresca soprava do oceano fazendo balançar a folhagem dos arvoredos.

Depois de caminharem cerca de quinze minutos admirando a paisagem, sentaram-se todos sobre a relva, à sombra das árvores que orlavam a estrada, dispostos a conversar.

Os pássaros cantavam escondidos entre a folhagem, parecendo se alegrarem com a presença e o vozerio dos visitantes. Era, com efeito, um belo cenário para uma conversação sadia e nobre como as que o doutor Arnaldo gostava de entreter com os netos.

De repente, ele disse:

— Meus caros amiguinhos, vocês acham que Deus, o Criador de todas as coisas, pode revelar-se aos homens?

— Pode, sim, senhor! — responderam a uma só voz os interpelados.

— Como é que Deus pode fazer isso? — tornou a interrogar o doutor Arnaldo.

Foi Eneida quem respondeu, cheia de animação:

— Desde minha infância tia Isabela conversa comigo sobre esse assunto. Então fiquei sabendo que Deus se revela às suas criaturas através das obras da natureza e das leis que a dirigem: os astros e constelações, com o mecanismo que os mantêm equilibrados nos espaços siderais; os vegetais, com o poder oculto que os fazem brotar do seio da terra, crescer, florescer e frutescer; os minerais, com a força criadora que os leva a produzir as espécies de minérios de valor incalculável nas profundezas das jazidas subterrâneas; os animais, com a divina ciência que os permite viver inteligentemente reunidos em famílias tão bem organizadas; nós mesmos, com a nossa inteligência e os nossos poderes intelectuais, morais e espirituais, tudo isso e infinitas coisas mais é Deus se revelando, demonstrando suas Leis a quem quiser conhecê-las e compreendê-las...

— Muito bem, Eneida! É isso mesmo! Vejo que você tem compreendido os ensinamentos que lhe foram ministrados em nossas aulas. Mas não é somente assim que Deus se revela. Ele se revela de modo mais diferentemente também, por intermédio dos seus mensageiros.

— Então, explique isso, vovô! — pediu Eneida.

E seu avô explicou, tal como se fizesse uma pequena palestra para aqueles gentis ouvintes.

1.2 A Lei de Deus

— A primeira vez que Deus revelou a sua Lei aos homens foi através dos Dez Mandamentos, e teve por intermediário o grande profeta hebreu Moisés. Os mandamentos, ou ensinamentos da Lei de Deus são dez e representam a lei imortal e invariável que dirige a humanidade.

A segunda revelação da Lei de Deus teve como intermediário Jesus, também chamado o Cristo de Deus. A doutrina ensinada por Jesus igualmente é um código de leis morais, continuação da primeira revelação.

A terceira revelação da Lei de Deus está contida nos ensinamentos da Doutrina dos Espíritos, ou seja, a doutrina ensinada pelos Espíritos celestes, mensageiros de Deus e de Jesus.

A Doutrina dos Espíritos é também chamada Espiritismo. Ela ensina outras leis, as quais confirmam as duas revelações anteriores, e nos faz recordar os ensinamentos que Jesus deu aos homens quando viveu sobre a Terra. Podemos denominá-la ainda como *Terceira Revelação de Deus aos homens* ou *O Consolador*.

As Leis de Deus mostram-nos os caminhos do bem e do dever. Quando nos desviamos desse caminho, estamos praticando o mal, erramos contra a Lei de Deus e, portanto, contra nós mesmos. Então sofremos, mais tarde, as consequências do mal que praticamos, seja na presente existência, seja na vida espiritual ou em novas existências futuras.

Aquele que pratica o mal logicamente sofrerá mais tarde, porque o mal está fora da Lei de Deus.

— Doutor Arnaldo, o senhor pode explicar como foi que Deus nos fez conhecer os seus mandamentos? Eu ouço falar nos Dez Mandamentos da Lei de Deus, mas não faço ideia muito justa de como eles chegaram ao nosso conhecimento. — pediu a jovem Leila Barbosa.

— Pois vocês compreenderão amanhã, durante o nosso passeio matinal. Agora devemos regressar a casa para não nos fazermos esperar para o almoço. — respondeu o bom amigo Arnaldo Vasconcelos.

* * *

São chegados os tempos em que se hão de desenvolver as ideias, para que se realizem os progressos que estão nos desígnios de Deus. (Comunicação de "Um Espírito Israelita" – O evangelho segundo o espiritismo – Allan Kardec, cap.1, it. 9.)

Referências

BÍBLIA. Português. *Bíblia sagrada*. Tradução: João Ferreira de Almeida. ed. rev. e atualizada. Rio de Janeiro: Sociedade Bíblica do Brasil, 1959.

KARDEC, Allan. *O evangelho segundo o espiritismo*. 41. ed. Rio de Janeiro: Federação Espírita Brasileira, 1953.

LIMA, Hildebrando de; BARROSO, Gustavo. *Pequeno dicionário brasileiro da língua portuguesa*. São Paulo: Civilização Brasileira, 1943.

ROPS, Daniel. *A igreja dos apóstolos e dos mártires*. Porto: Livraria Tavares Martins, 1960.

O que é Espiritismo?

O ESPIRITISMO É UM CONJUNTO DE PRINCÍPIOS E LEIS reveladas por Espíritos superiores ao educador francês Allan Kardec, que compilou o material em cinco obras que ficariam conhecidas posteriormente como a Codificação: O livro dos espíritos, O livro dos médiuns, O evangelho segundo o espiritismo, O céu e o inferno e A gênese.

Como uma nova ciência, o Espiritismo veio apresentar à humanidade, com provas indiscutíveis, a existência e a natureza do mundo espiritual, além de suas relações com o mundo físico. A partir dessas evidências, o mundo espiritual deixa de ser algo sobrenatural e passa a ser considerado inesgotável força da natureza, fonte viva de inúmeros fenômenos até hoje incompreendidos e, por esse motivo, creditados como fantasiosos e extraordinários.

Jesus Cristo ressaltou a relação entre homem e Espírito por várias vezes durante sua jornada na Terra, e talvez alguns de seus ensinamentos pareçam incompreensíveis ou sejam erroneamente interpretados por essa associação. O Espiritismo surge então como uma chave, que pode explicar tudo mais facilmente e de maneira clara.

A Doutrina Espírita revela novos e profundos conceitos sobre Deus, o universo, a humanidade, os Espíritos e as leis que regem a vida. Ela merece ser estudada, analisada e praticada todos os dias de nossa existência, pois o seu valioso conteúdo servirá de grande impulso a nossa evolução.

Como funciona?

Utilize o aplicativo QR Code no seu aparelho celular ou tablet, posicione o leitor sobre a figura demonstrada acima, a imagem será captada através da câmera do seu aparelho e serão decodificadas as informações que levarão você para o site da Editora.

Conselho Editorial:
Antonio Cesar Perri de Carvalho – Presidente

Coordenação Editorial:
Geraldo Campetti Sobrinho

Produção Editorial:
Rosiane Dias Rodrigues

Revisão:
Affonso Borges Gallego Soares
Davi Miranda
Jorge Leite
Paola Martins

Capa
Ingrid Saori Furuta
Rones José Silvano de Lima – www.bookebooks.com.br

Projeto Gráfico
Ingrid Saori Furuta

Diagramação:
Rones José Silvano de Lima – www.bookebooks.com.br

Foto de Capa:
CEFutcher | istockphoto.com

Normalização Técnica:
Biblioteca de Obras Raras e Patrimônio do Livro

Esta edição foi impressa pela Lis Gráfica e Editora Ltda., Bonsucesso, SP, com tiragem de 10 mil exemplares, todos em formato fechado de 160 mm x 230 mm e com mancha de 116,5 mm x 180 mm. Os papéis utilizados foram Pólen Bold 90 g/m2 para o miolo e o cartão Supremo 300 g/m2 para a capa. O texto principal foi composto em fonte Minion Pro 11,5/15,2 e os títulos em FilosofiaGrandCaps 24/25.